Ya no hay patitos feos

Francisco Gavilán

Ya no hay patitos feos

Mejora tu personalidad desarrollando tus potencialidades

Zenith/Planeta

No se permite la reproducción total o parcial de este libro, ni su incorporación a un sistema informático, ni su transmisión en cualquier forma o por cualquier medio, sea éste electrónico, mecánico, por fotocopia, por grabación u otros métodos, sin el permiso previo y por escrito del editor. La infracción de los derechos mencionados puede ser constitutiva de delito contra la propiedad intelectual (Art. 270 y siguientes del Código Penal).
Diríjase a CEDRO (Centro Español de Derechos Reprográficos) si necesita fotocopiar o escanear algún fragmento de esta obra. Puede contactar con CEDRO a través de la web www.conlicencia.com o por teléfono en el 91 702 19 70 / 93 272 04 47.

Primera edición: mayo de 2011

© Francisco Gavilán Fontanet, 2011
© Editorial Planeta, S. A., 2011
Avda. Diagonal, 662-664, 08034 Barcelona (España)

ISBN: 978-84-08-08052-7
Fotocomposición: gama, sl
Depósito legal: B. 12.114-2011
Impresión y encuadernación: Egedsa

Impreso en España – *Printed in Spain*

El papel utilizado para la impresión de este libro es cien por cien libre de cloro y está calificado como papel ecológico.

*A Yolanda Maderuelo Abel,
con admiración y afecto*

PRÓLOGO

El camino de la vida está plagado de momentos que nos llenan de emociones positivas, así como de sucesos que nos abruman o entristecen. Si bien tener una buena disposición para aprender, adaptarnos y querer mejorar forma parte de nuestra naturaleza, perseverar, utilizar la fuerza de voluntad, practicar nuestras habilidades sociales y aprender de las experiencias pasadas son herramientas esenciales que debemos fortificar para poder conseguir nuestras metas en la vida. Tal como señaló Charles Darwin en *El origen de las especies* (1859): «No son los más fuertes de la especie los que sobreviven, ni los más inteligentes. Sobreviven los más flexibles y adaptables a los cambios».

Vivir en armonía con nosotros mismos y con los demás es un reto al que nos enfrentamos cada día. Igualmente importante es saber apreciar y aprovechar las oportunidades que se nos presentan a lo largo de nuestra existencia. En *Ya no hay patitos feos*, Francisco Gavilán nos ayuda a reflexionar sobre estos aspectos fundamentales de nuestra cotidianidad y nos aporta una visión constructiva y positiva sobre cómo podemos mejorar nuestra calidad de vida, sentirnos razonablemente satisfechos y optimizar nuestras cualidades personales.

Francisco Gavilán nos habla en esta magnífica obra, de forma clara y amena, sobre los desafíos cotidianos, al tiempo que nos ofrece alternativas prácticas y atractivas para superarlos. Con la ayuda de ejemplos muy ilustrativos, que facilitan la comprensión de los conceptos que expone, logra que los lectores nos veamos reflejados en las diversas situaciones, lo que nos incentiva a reflexionar sobre nosotros mismos y a conocernos mejor. Con una admirable sencillez expositiva, trata sobre el proceso de adaptación a los cambios; la resiliencia y la tolerancia a la frustración; la fuerza de voluntad y la tenacidad. Asimismo, describe formas de identificar y sacar el mayor partido a nuestras capacidades. Francisco Gavilán propone estrategias eficaces para superar sentimientos de estrés y frustración y para evitar convertirnos en esclavos de pensamientos negativos y paralizantes.

Los cambios desempeñan un papel muy importante en nuestra salud física, mental, emocional y social, por lo que es esencial estar preparados para afrontarlos. Si estamos preparados, los viviremos con confianza y con ilusión. Incluso nos divertiremos probándonos a nosotros mismos. Como señala agudamente Gavilán, saber afrontar la adversidad no es fácil para nadie, necesitamos introspección, capacidad de análisis y concentración. Sin duda, todos tenemos una gran capacidad para ajustarnos y recuperarnos de los cambios imprevistos y esperados, pero éstos afectan a cada persona de forma diferente, dependiendo de su personalidad y experiencias vitales. El autor nos transmite fortaleza y optimismo. Cree en nuestra capacidad para superar las crisis y el sufrimiento, y nos anima a aprender y disfrutar de los momentos dichosos que nos depara la vida.

Como psicólogo y escritor, Francisco Gavilán demuestra, una vez más, su sensibilidad y conocimiento sobre el ser humano, sus aspiraciones, deseos e inquietudes. *Ya no hay patitos feos* ofrece al lector un amplio abanico de información enriquecedora y respuestas reconfortantes que nos motivan a sacarle a la vida lo mejor que ofrece. En mi opinión, la lectura de este libro será de gran utilidad no sólo para los profesionales de la psicología, sino para todos aquellos que sientan curiosidad por entender mejor la naturaleza humana.

Laura Rojas-Marcos

1
INTRODUCCIÓN

No hay patitos feos en el zoo humano

Casi todos hemos conocido a compañeros de colegio que conseguían muy buenos resultados académicos, pero que, de adultos, fracasaron en su vida familiar, profesional o social. En cambio, también hemos conocido a otros que no destacaban precisamente por su alto cociente intelectual (CI), pero que lograron grandes éxitos en su trabajo, en su vida afectiva y en sus relaciones sociales. ¿Cuáles pueden ser las claves para comprender esta «aparente» incoherencia? ¿Por qué fracasa gente dotada de un alto CI? ¿Por qué triunfa la que tiene una inteligencia media o normal? Perturbadoras preguntas. Muy probablemente, la inteligencia es útil en todo, pero no suficiente para todo...

Algunas investigaciones sobre los perfiles de personalidad y las conductas de gente exitosa han demostrado que lograr la envidiable meta del triunfo en la vida no está relacionado tanto con un alto CI como con otras facultades que sorprenden y excitan, y que la mayoría de las personas desearía poseer: la creatividad, la persuasión, la perseverancia, el pensamiento positivo, el carisma, la intuición, la autoconfianza, la honradez, la resiliencia o el coraje de superar las adversidades, entre otras. Nadie puede construirse una atrayente personalidad sobre lo que va a hacer, sino sobre lo que hace. Miguel de Cervantes lo expresó con las siguientes palabras: «Al hombre se le conoce por sus obras, pero muchos viajan de incógnito».

En este sentido, pocas personas están completamente satisfechas consigo mismas. Muchas creen que no poseen suficientes cualidades para triunfar personal, profesional o socialmente, que carecen de las cualidades necesarias para tener lo que popularmente se conoce por «personalidad». La idea de la personalidad como un constructo social ha sido defendida por muchos psicólogos, incluidos el propio Freud y algunos de sus discípulos. Se basa en las huellas que una persona va dejando en su propia historia individual. Así, el modo habitual que tiene de reaccionar, trabajar o hablar es lo que permite a los demás no sólo poner un nombre a su conducta, sino hasta predecirla. Pero «tener personalidad» es una forma de ser, de actuar y de pensar que imprime carácter y proyecta hacia los demás una imagen seductora, magnética y atractiva. «Tener personalidad», por lo tanto, es gustar a casi todo el mundo, sin necesidad de haber muerto.

Las personas verdaderamente inteligentes quieren aprender; las demás, enseñar
En efecto, las capacidades antes citadas transforman al que las posee en un ser mucho más atractivo en térmi-

nos de «personalidad». Aunque la mayoría de la gente está convencida de que el éxito de las personas triunfadoras —ejecutivos, artistas, escritores, o seres comunes o desconocidos— se debe a que nacieron con alguno de esos dones, es decir, con un talento innato que no puede ser desarrollado por los seres carentes de él, es una creencia completamente falsa. En los últimos años, investigaciones científicas han puesto de manifiesto los grandes avances que pueden hacerse poniendo en práctica estas deseables facultades. En 1994, un artículo publicado por la revista *American Psychologist* postulaba que muchas de las capacidades que configuran una atrayente personalidad y que durante mucho tiempo se consideraron innatas pueden realmente aprenderse. Por mencionar un ejemplo, Dean Keith Simonton, catedrático de Psicología de la Universidad de California, cita el caso de George Washington. A pesar de haber pasado a la historia como un dirigente austero y frío, se tiene conocimiento de que, de joven, era extremadamente emocional e impulsivo. Su asombrosa transformación se produjo porque cultivó con fuerza de voluntad algunas de las facultades que conformaron posteriormente la poderosa personalidad que le hizo célebre.

Entre las más ricas recompensas que la psicología moderna puede ofrecernos hoy se halla la posibilidad de mejorar la personalidad. ¿Eres extrovertido o tímido? ¿Optimista o pesimista? ¿Organizado o irresponsable? ¿Afectuoso o antipático? ¿Perseverante o falto de voluntad? ¿Te alteras fácilmente o te mantienes sereno durante los conflictos? Si estás dispuesto a invertir tiempo y energía en ti mismo puedes alcanzar un nivel superior en las habilidades que más te interesen. Si quieres desarrollar o perfeccionar algunas de las capacidades en las que basar tu personalidad, lo único que debes hacer es leer con atención los capítulos del libro que ahora tienes entre manos, interiorizar las claves, y practicar, practicar y practicar. Tú no puedes progresar si crees que practicar es «un trabajo más», como archivar facturas o vender cosméticos. Has de coger el gusto a lo que haces y sentir pasión por ello. Poseer «magnetismo personal» no es una meta, sino un largo proceso —menos oneroso cuando empieces a ser consciente de los beneficios— en el que habrás de prescindir de tu ego u orgullo y admitir tus errores. Asumir, como afirmaba Winston Churchill, que, muchas veces, «el éxito consiste en ir de fracaso en fracaso, sin perder el entusiasmo».

Como ayuda complementaria a esta lectura fíjate en los «modelos idóneos» de la vida real. En este sentido, la persona ideal es aquella que ya destaca por su personalidad en algunas de las capacidades sobre las que versa este libro (persuasión, creatividad, voluntad, resiliencia...) y que esté dispuesta a compartir su experiencia contigo. O céntrate en averiguar qué educadores influyeron en su vida o en observar cómo estos modelos interactúan, cómo hacen para que la gente se sienta atraída por ellos. En cualquier caso, para conseguir el máximo nivel de personalidad, debes escuchar a Johann Wolfgang Goethe («Trata a una persona tal como es, y seguirá siendo como es. Trata a una persona como puede y debe ser, y se convertirá en lo que puede y debe ser»). Al margen del trato que recibas de los demás, decídete por ti mismo/a a potenciar tus propias facultades para llegar a ser lo que tú eres capaz de ser. La mayor fuerza para crecer se encuentra en tu capacidad de elegir por ti mismo. No podemos tomar las decisiones de otros, ¡ni debemos permitir que ningún otro tome las nuestras!

¿Sabes caer bien a la gente?

Cuando conoces a alguien se presenta la primera oportunidad para causarle buena impresión. Pero también la última. Se dice que el primer minuto en el que conoces a una persona es vital para caerle bien o mal. Sin embargo, eso es un mito: apenas disponemos de unos segundos para causar la buena impresión que todos deseamos. Con la mirada, el apretón de manos, las primeras palabras pronunciadas y el tono que imprimimos a éstas transmitimos ya suficiente información para que nuestro interlocutor se sienta defraudado o cautivado por nosotros. Siempre hay un mensaje para el otro, ya sea intencional o no. Incluso cuando se permanece en silencio estamos comunicando «algo». ¿Caer bien o caer mal es casi una cuestión de suerte, del momento? En absoluto: «El azar sólo favorece a quienes saben cortejarlo».

Caer bien a los demás es importante. La gente encantadora tiene más éxito, no sólo en sus relaciones personales, sino también en la vida en general, que la que carece de encanto, aunque ésta posea otras notables cualidades. Las personas encantadoras no son por necesidad más ingeniosas, ni más atractivas ni más sofisticadas. Simplemente, aprendieron de niños o adolescentes, de forma consciente o inconsciente, a través de ejemplos familiares o de adultos cercanos, algunas habilidades sociales que conformaron más tarde su identidad personal. Hay otros seres humanos que poseen una atractiva personalidad de modo natural. Como si fuera un don innato en ellos y sus neuronas estuvieran siempre preparadas para hacer de ellos personas agradables. La buena noticia es que poseer una personalidad cautivadora puede aprenderse, pero hay que tener la firme voluntad para conseguirlo. Como dice un proverbio turco: «Si dirigiéndote a un destino, te detienes en el camino para tirar piedras a todo perro que te ladre, nunca llegarás a tu destino».

Pero ¿qué es lo que diferencia a la gente con una personalidad cautivadora de la que no la posee? Además de sus habilidades sociales, su capacidad de hacer que las personas con las que interactúan también se sientan atractivas. Así, conseguimos que los demás se sientan atraídos como un imán hacia nosotros porque estimulamos su autoestima y que muestren, asimismo, una mejor disposición a conversar con nosotros, a ayudarnos, a seguirnos... incluso a creer en lo que decimos, aunque no sea totalmente comprensible para ellos. Estos interlocutores descubren que ¡no tienen que esperar a estar muertos para recibir el respeto y la admiración que merecen en vida!

> **CLAVES BÁSICAS PARA CAER BIEN A LOS DEMÁS**
>
> - **Saluda efusivamente:** la gente encantadora saluda a cualquier persona que acaba de conocer como si fuera alguien muy especial. Como si hiciera tiempo que la conoce. Y lo trata de igual a igual. Si tienes dificultades en mostrar ese entusiasmo de forma natural, el secreto es imaginarte que tu nuevo interlocutor es «un querido amigo de la infancia al que hace años que no ves». Actúa con la misma emoción que te causaría tener este tipo de encuentro en la realidad. Puede que no te resulte fácil sonreír y parecer emocionado cuando, de hecho, estás más bien nervioso. Si la situación te causa ansiedad, ensaya antes cómo transmitir cordialidad y calidez. Y recuerda: nunca le des la mano a alguien sin mirarle a la cara y procura que ésta no esté fláccida o sudada. No te aproximes a él a menos de 40 centímetros, pero tampoco te mantengas demasiado alejado.
> - **Presta atención:** escucha a la gente como si estuvieras pendiente de cada palabra que pronuncia. Inclínate ligeramente hacia adelante. Asiente de vez en cuando. No interrumpas. No rehúyas la mirada. Dirígela a los ojos de tu interlocutor y, ocasionalmente, desvía tu mirada de uno de sus ojos al otro. No hay nada más intenso que una mirada. Cuando uno está escuchando, con ella indicamos lo interesados que estamos en lo que nos dicen y regulamos los turnos de la conversación. Imagina que tus ojos son lámparas infrarrojas y tu objetivo es proporcionar a los de tu interlocutor un bonito bronceado.

Te considerará tan atractivo como prolongado sea el tiempo en que puedas mantener una conversación sobre el tema que le interesa. Si no sabes qué materias pueden cautivar su atención, pregúntale sobre su familia o la clase de trabajo que desempeña. «El talento de la conversación —decía Dale Carnegie— consiste en no hacer ostentación del propio, sino en hacer brillar el de los demás.»

- **Alaba el esfuerzo de la gente:** los seres humanos tienen una insaciable necesidad de que alguien les confirme que son merecedores de elogio. Si alimentas esa necesidad en tu interlocutor, éste te contará cuánto le ha costado lograr sus propósitos con el fin de ganarse tu reconocimiento, y, como los adictos al juego, esperará que se lo repitas otra vez. Otras personas, sin embargo, intentan quitar importancia a sus méritos y declaran que no tienen nada de especial. No permitas que este tipo de afirmaciones te detenga. Las personas que, en apariencia, no aceptan de buen grado el elogio, les gusta también recibirlo. Precisamente, restan méritos a su trabajo, o incluso rehúyen la alabanza, ¡esperando ser elogiados dos veces!
- **Descubre algo que admirar:** celebra algo de tu interlocutor que hayas descubierto y merezca la pena resaltar. En algunas ocasiones, puede parecer falso o sospechoso alabar algún rasgo de la personalidad de alguien de quien no sabemos mucho porque justo acabamos de conocerlo. En tal caso, tu reconocimiento o loa no necesita centrarse en un gran hallazgo de su personalidad; a veces se aprecia mucho más que te hayas fijado en algún pequeño detalle que la mayoría de la gente pasa por alto. Entonces, considera la posibilidad de elogiar algo que lleve (el traje, un

adorno...). A veces, una simple frase como «Me gusta tu broche» es suficiente. Significa que estás reconociendo su buen gusto. Si quieres caer bien, nunca dejes pasar la oportunidad de decir sinceramente algo amable y alentador a las personas que te rodean. Tanto es así que Pablo Picasso decía que «el que se guarda un elogio se queda con algo ajeno».

- **Sé auténtico:** la autenticidad significa abrirse a la nueva experiencia siendo lo que uno es, vivir los propios sentimientos, reconocerlos, sentirlos y comunicarlos de forma abierta, espontánea y honrada. Y hacerlo de manera directa y concreta. Es una buena fórmula para conocer lo que le preocupa o le interesa al otro. Al comunicar las emociones o las ideas de modo auténtico, ambos interlocutores se responsabilizan de lo que están comunicando y del sentido que quieren dar a sus palabras. Ésta es una de las habilidades naturales de los niños, pero que, al crecer, queda bloqueada por las normas sociales adquiridas. Es preciso recuperarla expresándola de forma adulta.
- **Agradece:** da las gracias a todos por cualquier cosa que hagan por ti mencionando la razón («Muchas gracias *por ayudarme en este trabajo*»). Agradece al empleado el trabajo realizado, ¡incluso aunque no lo haya terminado aún! Agradece al maître que te haya encontrado una mesa libre, ¡incluso aunque sea él quien perdió la anotación de la reserva! Agradece a tu pareja que haya escuchado tus problemas, ¡aunque sea ella la causante de los mismos! Dar las gracias eleva la autoestima de ambas partes.
- **Sonríe:** la sonrisa es una de las expresiones más deseadas en las relaciones humanas. Transmite un mensaje amable

> en cualquier circunstancia. La sonrisa cuesta menos que la electricidad y da más luz. Ilumina nuestro rostro y, por mimetismo, el de los demás, sin que ello repercuta en el recibo de la compañía eléctrica. Una sonrisa bien dibujada siempre ayuda a tener éxito y a enriquecer la personalidad de quien la brinda. Se ha comprobado que las personas sonreidoras son física y psíquicamente mucho más saludables, y la gente las considera más atractivas. Por lo tanto, lo más fascinante de sonreír es lo mucho que se obtiene a cambio de muy poco esfuerzo. ¡Sonríe a la gente, incluso a la que normalmente no sonreirías!

La necesidad de recordar lo obvio...

Caer bien a la gente influye para que otras personas deseen estar contigo. Si manifiestas esta actitud en tus primeros encuentros con nuevos amigos o desconocidos —así como en cualquier reunión, en restaurantes, en la sala de espera del médico... Es decir, en cualquier lugar donde te encuentres con gente—, estarás aplicando las primeras claves para consolidar futuras relaciones personales (muchas amistades duraderas han surgido de encuentros mundanos). Compórtate como un rompehielos, esos buques de formas, resistencia y potencia adecuadas para abrir camino en los mares helados, lo que abre vías de comunicación.

Tener habilidad social te ayuda a hacer amigos y poder influir positivamente en ellos. Algunos creen que para lograr esto basta con adular a la gente u obsequiarla con regalos. Pero, a menudo, esto no funciona, porque quienes así actúan no tienen en cuenta las verdaderas preocupaciones o necesidades de los demás, algo fundamental para establecer con ellos una buena sintonía. Si, en cambio, la gente percibe que tú contribuyes a satisfacer sus necesidades, se sentirá a gusto contigo. Y si la haces sentir bien, te apreciará y se motivará para corresponderte con la misma moneda.

Cuanto antecede, incluidas las claves básicas, parecen principios obvios para favorecer una buena comunicación en las relaciones humanas. No obstante, el problema radica en que muchas personas no los tienen presentes. O los llevan a cabo por automatismo, sin convencimiento, sin sentimiento. O los eluden porque ellas mismas se sienten inseguras. No disipan sus estereotipos. En realidad, ven a los demás como una amenaza de desencuentro y de rechazo de la que tienen que guarecerse. Se apartan de los otros porque no confían en ellos y les hacen sentir incómodos con su presencia. En vez de caer bien, los invitan a ponerse a la defensiva para proteger sus propios egos.

Sin embargo, para desarrollar todo tu potencial y conseguir una personalidad equilibrada y atrayente, es preciso recuperar estas claves básicas y aprender otras capacidades diferentes o reaprenderlas si ya están en tu interior: una visión positiva de la vida, coraje para cambiar, autoconfianza para superar las adversidades, liberar la creatividad que uno encierra en su mente, dominar el arte de la persuasión, practicar la asertividad, desarrollar el carisma, la intuición... La mezcla de todo ello es lo que te permitirá descubrir tu propio magnetismo personal y llegar a ser todo lo que tú puedes ser. ¡Quien no sopla su propio horno nunca oirá el sonido de su música!

2
DE LA PERSONALIDAD CORAJE (CÓMO AFRONTAR Y SUPERAR LAS ADVERSIDADES, INFERIORIDADES Y CARENCIAS)

¿Controlas tu cociente de adversidad?

¿Por qué algunas personas se crecen con la adversidad mientras que otras se hunden ante el menor contratiempo? La respuesta es importante porque en la vida actual se han de encarar más problemas (grandes y pequeños) que antes. Responder de forma efectiva a la adversidad es una conducta que también puede aprenderse, contrariamente a lo que opinan aquellos que creen que tienen mala suerte.

A casi nadie le gusta enfrentarse a situaciones desagradables o conflictivas. Así, que, cuando éstas se presentan, el primer impulso de muchas personas es ignorarlas, es decir, esconder la cabeza debajo del ala y esperar a que escampe el temporal o el tiempo se encargue de solucionar los conflictos, o darle vueltas y más vueltas sin tomar ninguna decisión. Quienes reaccionan así se conforman con una actitud inmovilista. Son como los camellos: reciben la carga de rodillas. No se atreven a afrontar de cara el infortunio, por pequeño que éste sea, y se hunden psicológicamente. Además, la creencia en su propia mala suerte, a menudo, les incapacita para luchar contra los reveses y los sumerge en un pensamiento catastrofista. Nadie es prisionero de la mala suerte, sino esclavo de sus pensamientos.

Este tipo de personas no encuentra nada sencillo vivir. Si su coche, por ejemplo, se empeña en no arrancar, empiezan a preguntarse: «¿Qué voy a hacer?», «¿Y si la avería es irreparable y tengo que cambiar de coche?», «Si es así, tendré que pedir un préstamo a mi banco», «¿Y si no me lo concede?», «Y, entretanto, ¿cómo llevo los niños al colegio?», «¿Cómo nos iremos de vacaciones?». Y, finalmente, acaban preguntándose: «¿Por qué la vida es tan complicada?». Convierten cualquier hecho cotidiano, como una simple avería automovilística, en una catástrofe personal. ¡Es un milagro que no se les vaya todo el sueldo en terapias!

Se ahoga más gente en los vasos que en los ríos
Para este tipo de personalidades no hay nada más angustiante que la pérdida de control de su vida. De ahí que su reacción inmediata a cualquier revés sea esgrimir los más retorcidos argumentos, para evitar afrontarlo. Estas personas justifican su desánimo con razones externas («Hay cosas que nadie puede controlar»). A los que poseen tan bajo nivel de ánimo bien podría atribuírseles la célebre frase de Camus: «Quien carece de valentía encuentra siempre una filosofía que lo justifica». No pueden evitar percibir las dificultades de la vida —y, admitámoslo, también los pequeños proble-

mas— como adversidades tan difíciles de superar como el reto de ascender al Everest en bicicleta, o como catástrofes dignas de figurar en la primera plana de *The New York Times*. Esta forma de pensar, impregnada de ansiedad, conduce a la idea de que un problema nunca puede tener una solución fácil, sino que irremisiblemente genera otros múltiples, en cadena. Pero si uno consiente que un problema lo deprima, ¡lo habrá convertido en dos problemas!

Los que permanecen inmóviles frente a lo adverso no parecen tener ningún sentido de la organización, ni tampoco una vara de medir de forma más realista las dificultades o los contratiempos que se les presentan. Su comportamiento denota una excesiva preocupación cuando pierden un ápice del control de su vida. Analizan, desmenuzan y sopesan («Si hubiera hecho esto en vez de lo otro...») cada situación adversa que les toca vivir, pero no actúan. Se empeñan en hacer a posteriori toda clase de inútiles consideraciones en vez de encarar el problema o tomar al menos una decisión aliviadora. Cuando un inmovilista, por ejemplo, está ahogándose y está llegándole el agua a la boca, le preocupa más que el agua no sea potable que pensar en una solución para salvarse.

Para muchos psicoanalistas, la conducta de quienes no se atreven a afrontar la adversidad puede tener su origen en un afán perfeccionista heredado de una rígida educación, aunque otros especialistas lo ubican en las primeras experiencias de separación sufridas por el niño —ausencias maternales, destete, entrada en la guardería o el colegio...—, que comportan una ruptura física con la madre. Si esta separación no ha sido bien digerida, de adultos, justifican su escaso coraje frente a la adversidad con frases como «Nada puedo hacer yo para cambiar esta situación». Desconocen que el destino es el que baraja las cartas, pero ¡somos nosotros quienes las jugamos!

Todos vivimos en las cloacas, pero algunos miran las estrellas

Sin embargo, hay otras personas que no se arredran cuando las cosas van mal: al contrario que los cobardes, que se dejan llevar por sus miedos y se paralizan, los que tienen coraje, los aceptan, los afrontan, y siguen adelante. Parece no afectarles los contratiempos. Plantan cara a cualquier situación, por adversa que ésta sea. La adversidad no supone para ellos ninguna amenaza. Es más, son capaces de transformar los conflictos que se les presentan en oportunidades para salvar los obstáculos y conseguir lo que anhelan. Encaran las adversidades de la vida como un reto, un estímulo, casi como un regalo, a pesar de la pena o el dolor que algunas de ellas engendran. Como una ocasión para probarse a sí mismos y encontrar nuevas soluciones. Son, al contrario de los pusilánimes, gente que posee un alto «cociente de adversidad». Dice un proverbio alemán que «¡No hay nadie con más suerte que el que cree que la tiene!».

Quienes abordan con tal grado de confianza los problemas y los resuelven de forma satisfactoria no trabajan más que otros. No poseen necesariamente una inteligencia privilegiada. Tampoco han sido tocados por una varita mágica en virtud de cuyo poder obtienen más ventajas que los demás. Lo único que los diferencia de los que poseen un bajo cociente de adversidad es que han desarrollado una conducta más positiva. Piensan de manera racional. No se dejan arrastrar por el pesimismo. Son más perceptivos (saben escuchar, observar y sacar conclusiones). Y tienen, sobre todo, confianza en sí mismos. Estas habilidades permiten a los seres con personalidad coraje reaccionar con eficacia frente a la adversidad. Adoptar una actitud inquebrantable ante cualquier dificultad. Saben que si frente a ella se vendan los ojos nunca lograrán superarla. Son razonablemente optimistas y creen, además, en su intuición.

Por lo tanto, los que poseen un alto cociente de adversidad reconocen que el problema existe y prestan atención a su propia respuesta. Saben, quizá de modo inconsciente, que su capacidad de afrontar la desgracia va íntimamente ligada a su actitud psicológica. Si ésta es atrevida, resolutiva, propicia que sucedan las cosas que desean. Que surjan más oportunidades y puedan aprovecharlas. El resultado de poseer un alto cociente de adversidad es que se puede «influir» en los acontecimientos y dar la vuelta al infortunio.

Controlando la adversidad

Pero ¿cómo puede controlarse la adversidad y elevar nuestro coeficiente ante ella?, cambiando las reacciones pusilánimes frente al infortunio. Así lo asegura un estudio del Instituto Politécnico Rensselaer de Nueva York. En él se demuestra que aquellos que poseen un cociente de adversidad alto están mejor predispuestos a conseguir los mejores resultados en su vida personal y profesional. Más aún: el cociente de adversidad predice mucho mejor el éxito o el fracaso en la vida que el cociente de inteligencia. Porque el talento es útil para triunfar, pero no es suficiente. ¡Hay que ir a la biblioteca incluso cuando no llueve!

En efecto, un trabajo de introspección te permitirá descubrir las cualidades necesarias para elevar tu cociente de adversidad. Si reconoces que el problema existe y prestas atención a tu respuesta al mismo, dicho coeficiente de adversidad se incrementará de forma notable. Hay que evitar reaccionar impulsivamente y, en su lugar, preguntarse qué acciones pueden tomarse para controlar la situación. Con ello, sabes si estás alterado o tranquilo. Si dominas el conflicto o se te ha escapado de las manos. Si imaginas el peor resultado o prevés una solución razonable. Si encaras el problema y analizas tu respuesta puedes sustituir tus emociones negativas por la racionalidad. Tomar ante todo las riendas y ser capaz de descubrir, entre la multitud de facetas que tiene una situación conflictiva, cuál es la primera medida que debes abordar. Este paso te ayudará a incrementar la sensación de control. Dominarás el contratiempo antes de que éste te domine a ti. Sé autodidacta. No esperes que la vida te enseñe. ¡Ni esperes milagros de las Páginas Amarillas!

Por otra parte, no asumas nunca la culpa de aquello que no has cometido. El sentimiento de culpabilidad no ayuda a ver con claridad las medidas que hay que adoptar para solucionar el eventual infortunio. Las personas con bajo cociente de adversidad se sienten a menudo culpables de algo en lo que ni siquiera han intervenido. Son esas que, de pequeños, cuando el profesor preguntaba a la clase quién había robado el estuche de lápices de un compañero, se azoraban sólo de imaginar que los demás podían pensar que habían sido ellas. Tienen problemas hasta para comprar un bumerán nuevo. ¡No saben cómo deshacerse del viejo!

«Lo consiguieron porque no sabían que era imposible»
Este refrán irlandés muestra hasta dónde puede llegar el ser humano cuando posee una mentalidad persistente. Esto es cuando tiene la capacidad de insistir y perseverar sin desmayo frente a cualquier duro revés. O, lo que es lo mismo, cuando está dotado de suficiente fuerza de voluntad o coraje para no arredrarse frente a la adversidad, sobrevivir a ella y salir fortalecido de la experiencia. En cambio, la persona carente de esta cualidad —la abúlica, la agorera, la victimista, la derrotista...— no sólo se desmorona ante cualquier mínima dificultad, sino que también obstaculiza y niega ante los demás la posibilidad de superarla, pese a contar, a veces, con apoyo afectivo, social o económico. Y, aunque compruebe además, que otros esforzados seres están consiguiéndolo. «Imposible» es —como

afirmaba Napoleón— una palabra que sólo se encuentra en el diccionario de los idiotas.

¿Por qué algunas personas tienen la capacidad de afrontar y superar las más duras experiencias, mientras que otras se sienten desbordadas por el más mínimo problema? La diferencia entre unas y otras tiene que ver con la resiliencia. La etimología de este concepto proviene del inglés *resilience*, que significa «flexibilidad», «resistencia». Se define como la capacidad del ser humano para afrontar las adversidades de la vida, superarlas y ser transformado positivamente por ellas. Quienes atraviesan por tan duras circunstancias no perciben la desgracia como una fuerza destructiva, sino como una oportunidad para crecer. Muchas veces, las personas resilientes se forjan en su infancia, en un entorno difícil y problemático y, a menudo, traumático. En algunas ocasiones, estas víctimas buscan y encuentran a un familiar o adulto que las ampara y les sirve de inspiración. Pero, en otras, son lo suficientemente afortunadas para descubrir esa cualidad en sí mismas y por sí mismas. En cualquiera de ambos casos, los resilientes son capaces de navegar contracorriente y aceptar la vida en toda su complejidad. Algunos supervivientes de guerras o grandes tragedias (incluso quienes sobrevivieron a los horrores de los campos de concentración nazis) han señalado en este tipo de sujetos las siguientes cualidades:

- Se autoaceptan.
- Aceptan a los demás.

- Confiados.
- Flexibles y adaptables.
- Independientes, capaces de actuar por sí mismos y confiar en sus propias decisiones.
- Optimistas: muestran unas actitudes positivas hacia la vida y las adversidades.
- Resilientes: intentan superar rápidamente cualquier frustración, mantienen la esperanza y evitan deprimirse.
- Realísticas: asumen riesgos razonables y saben en quiénes confiar y cuándo hacerlo.
- Aceptan ayuda de los demás cuando la consideran apropiada y no intentan hacerlo todo por sí mismos.
- Mantienen sus propósitos con amplias perspectivas.

Estas cualidades son útiles no sólo para afrontar graves crisis y adversidades, sino también para tener una exitosa vida bajo circunstancias normales. El control de tu cociente de adversidad tiene, pues, mucho que ver con la resiliencia.

En realidad, se desconoce por qué alguien se esfuerza con persistencia para lograr o superar algo, en tanto que otro, con preparación y similar inteligencia, desiste. A veces, se enfatiza tanto en el determinismo que, muchas veces, éste sirve de pretexto ideal para justificar la desidia, la falta de voluntad o de coraje para afrontar una desgracia. Dos personas, por ejemplo, pueden reaccionar ante una grave enfermedad o adversidad de muy distintas maneras. Una puede emplearla como excusa para no esforzarse en nada. Y, en cambio, otra no consentirá que tal circunstancia le hunda psicológicamente o sea un obstáculo para lograr la meta que persigue. Incluso, probablemente, alcance un éxito mayor que el que hubiera logrado si no hubiera atravesado por esa dura situación. El coraje cambia la perspectiva de todo. Es cierto que el heroísmo no puede exigirse, pero la cobardía no debe disculparse...

Cuando los héroes han de enfrentarse a los dragones
El concepto de «fuerza de voluntad» o «resiliencia» ha sido anatema en psicología. Se trata, obviamente, de una actitud, cuya orientación puede deberse a motivos muy distintos: educacionales, ambientales, de carácter... Una voluntad débil puede originarse en una falta de autoconfianza, en una escasez de estímulos, en una limitación de metas, o en la incapacidad de perseverar. No hay que olvidar que la gota horada la piedra no por su fuerza, sino por su constancia. Una voluntad firme, en cambio, puede tener diversas raíces: puede basarse en una extraordinaria resiliencia, o en una intensa dinámica de estímulos, esto es, en percibir las pruebas más duras de la vida como un reto que cabe superar para el propio crecimiento personal. En este sentido, Rudyard Kipling afirmaba que si encomiendas a alguien que haga más de lo que pueda hacer, lo hará; si, en cambio, sólo le encomiendas que haga lo que puede hacer, no hará nada.

En otras ocasiones, la fuerza de voluntad reside en una gran concentración de energías en la dirección de un objetivo. Nada que ver con la sarcástica percepción de aquella elegante señora que andaba de compras y se topó con un mendigo que le dijo: «Llevo cuatro días sin comer nada», a lo que ella respondió: «Dios mío, ¡cómo me gustaría tener esa fuerza de voluntad!».

Es de gran importancia la capacidad natural de resiliencia del ser humano, que poco tiene que ver con la inteligencia y mucho con la fuerza de voluntad. Ésta se ejercita con la adquisición y asimilación de conocimientos. Pero de lo que no hay duda es de que puede cambiarse una actitud pusilánime por otra en la que predominen la confianza, el empeño, la esperanza y la perseverancia —esto es, la resiliencia— hasta conseguir lo que se desea, o superar las circunstancias que nos afligen. Un proverbio sueco afirma que «Los que desean cantar siempre encuentran una canción». Para adquirir, pues, el poder de resiliencia, hay que ejercitarse con los duros trabajos que exigen concentración y tenacidad. Se sabe que el modo de dar una vez en el clavo es dar cien veces en la herradura. A menudo se ilustra la diferencia entre la resiliencia y la falta de voluntad con el siguiente ejemplo: estrella un vaso de cristal contra el suelo y se hará añicos. Lanza una pelota de goma y advertirás cómo, después de deformarse, recupera su forma original. El material del vaso tiene muy baja resiliencia y muy alta el de la pelota. Pues la misma diferencia se encuentra entre las personas que poseen resiliencia o una gran fuerza de voluntad y las que carecen de ella.

Son ejemplos de personas resilentes el coronel Cathcart, al que muchos consideraban un héroe porque nunca vacilaba en mandar voluntariamente a sus hombres a cualquier objetivo, por arriesgado que éste fuera, o Aron Ralston un montañero estadounidense que tuvo que hacer frente a los veintisiete años a una experiencia sumamente dramática. En efecto, sufrió la desgracia de que su mano derecha quedase atrapada por una enorme piedra, de una tonelada de peso, que se despeñó cuando él descendía por la falda de la montaña. Inmovilizado en esa posición durante cinco días y en vista de que nadie acudía en su ayuda, tuvo la resistencia y el coraje de hacer algo que le salvó la vida: retorcerse para romper el hueso de su brazo y amputárselo después con una navaja, lo que le libró de una muerte segura, ya que nadie conocía su paradero. Después de llevar a cabo esta «truculenta» hazaña, reemprendió el descenso y recorrió sin desmayo 10 kilómetros hasta encontrarse con unos montañeros que le trasladaron al hospital. Los resilientes difícilmente se rinden. Como siempre proclamaba el piloto argentino Juan Manuel Fangio: «Hay que intentar ser el mejor, no creerse el mejor».

MENSAJES PARA ESTIMULAR LA RESILIENCIA

- «Si puedes soñarlo, puedes hacerlo.» (Walt Disney)
- «Si puedes caminar, puedes danzar; si puedes hablar, puedes cantar.» (Proverbio)

- «Si puedes hacer lo necesario, luego harás lo posible, y, de pronto, empezarás a hacer lo imposible.» (Francisco de Asís)
- «Quien quiera hacer cualquier cosa encuentra un medio; quien no quiere, siempre encuentra una excusa.» (Proverbio árabe)
- «Las grandes obras no las realizan los más fuertes, sino los más persistentes.» (Anónimo)
- «Carácter persistente es el que puede continuar el camino de la vida sin éxitos.» (Ralph Waldo Emerson)
- «No es por la dificultad de las cosas por lo que no nos atrevemos. No nos atrevemos y por eso son difíciles.» (Séneca)
- «Los que dicen que algo es imposible no deberían interrumpir a los que están haciéndolo.» (Thomas Alva Edison)

CLAVES PARA INCREMENTAR TU COEFICIENTE DE ADVERSIDAD

- **Crea oportunidades:** la gente con mentalidad resiliente sabe propiciar que los hechos que le interesan sucedan. Siempre descubren nuevos márgenes de maniobra. Actúa, pues, independientemente y confía en tus decisiones, pero acepta también la ayuda de los demás si tú no puedes hacerlo todo. Descubre en qué personas puedes confiar. Las oportunidades pasan muchas veces por delante de tus narices. ¡Procura tener tus fosas nasales siempre despejadas!
- **Desarrolla tu fuerza interior:** frente a cualquier adversidad, evita perder la esperanza. El auténtico poder es, como se sabe, «querer». Es un factor más importante que la inteligencia, la fuerza física o la riqueza; una actitud que puede

transformar tu sufrimiento en rabia de vivir. La gente con un alto cociente de adversidad siempre está dispuesta a hacer lo que sea necesario para superar los obstáculos con los que tropieza, sin importar dónde se originaron los problemas. Los problemas son una oportunidad en ropa de trabajo...

- **Sé positivo y cambiará el rumbo de tu vida:** nadie puede cambiar el mundo, pero sí puedes cambiar la forma de verlo. Si ves el lado positivo de las cosas darás la vuelta al infortunio. Aunque las consecuencias negativas existan, transformarás la realidad y encontrarás soluciones. ¡Nadie conoce sus propias fuerzas si no se ha enfrentado a la adversidad!
- **Sigue tus corazonadas:** nuestro consciente es limitado, pero el inconsciente compara la adversidad actual con experiencias pasadas y encuentra similitudes que iluminarán tus decisiones. Escucha tu voz interior: ¡habla tu mismo idioma!
- **Análisis igual a parálisis:** los pensamientos excesivamente cautelosos y previsores, lejos de conducirnos a conclusiones certeras, producen, muchas veces, dilemas innecesarios, cuando no confusión y frustración ¡La sabiduría consiste en saber cuándo debe evitarse la perfección!
- **Desembarázate de los detalles:** tratar de controlar hasta el extremo cada situación y considerar todos los detalles —absolutamente todos— puede arruinar el tiempo y la vida de cualquiera. Es preferible tener en cuenta los que de verdad son importantes y prescindir de los superfluos. El que lo piensa todo primero ¡no hace nada después!
- **Relájate:** muchas veces, cuanto más se analizan los problemas más insolubles parecen. Para salir de este círculo

> vicioso, intenta relajarte (dando un paseo, practicando algún deporte...). Tras un período de descanso y desconexión, adopta una actitud más sosegada para afrontar cualquier situación. El cerebro necesita mantenerse en buen estado para cumplir su cometido.
> - **Relativiza los hechos:** percíbelos desde otras perspectivas. Distánciate de ellos. Recuerda al maestro Noam Chomsky: «Ser emperador o pirata depende de la cantidad de barcos que uno tenga». Ante muchas situaciones problemáticas, la gente está tan preocupada por hallar al culpable, que se olvidan de buscar la solución.

La importancia de sentirse inferior

¿Tienes complejo de inferioridad? Casi todos tendemos a pensar lo contrario, que somos superiores. Sin embargo, nadie alcanza sus objetivos, nadie triunfa, sin un cierto complejo de inferioridad. Todo el mundo logra lo que anhela por un complejo de inferioridad. Y, afortunadamente, todas las personas contamos con él. Pero dentro de los complejos que pueden impedir el desarrollo integral de la personalidad se localiza el de sentirse realmente inferior.

¡Hasta Dios tiene complejo de inferioridad! Se cuenta la historia de un famoso psiquiatra que, al morir y llegar al cielo, es recibido por san Pedro con estas palabras: «Me alegro de que venga, doctor. Tenemos problemas con Dios: ¡se cree Rockefeller!». El médico y psicólogo austríaco Alfred Adler sostenía que todas nuestras actividades tienen una meta y casi siempre las desarrollamos bajo la presión de algún complejo de inferioridad. Que nadie se altere: un complejo de inferioridad no es necesariamente un síntoma neurótico; al contrario, es una condición común a todos. Si a algún lector no le gusta el término «complejo» porque le «acompleja» —ya está confirmando la teoría adleriana— puede sustituirlo por «sentimiento» o «sensación de inferioridad». No importa cómo lo llames. Incluso los especialistas tienen definiciones bastante vagas al respecto. ¡Siempre que se reúnen cuatro psicólogos se barajan por lo menos ocho opiniones!

Como se sabe, muchas personas que padecen deficiencias físicas hacen un esfuerzo extraordinario para superarlas o compensarlas mediante un notable desarrollo de otras facultades. Ludwig van Beethoven es un ejemplo asombroso: su genio musical se incrementaba en proporción a su sordera. La imaginación de Julio Verne tenía relación directa con su defectuosa visión. El tartamudo Demóstenes se convirtió en uno de los oradores más relevantes de la historia. Y el bajito Bonaparte se sintió impulsado a demostrar su grandeza hasta convertirse en el emperador Napoleón. Esto prueba que los seres humanos tendemos a compensar cualquier incapacidad física.

Nuestra cabeza es redonda para permitir
al pensamiento cambiar de dirección
Pero ¿qué ocurre cuando las incapacidades son psicológicas? La gente se niega a menudo a admitir que tie-

ne algún complejo de inferioridad. Pero tenerlo es tan común como tener pies. Sucede que no somos conscientes de que lo tenemos. Es tan frustrante reconocerlo que lo hemos relegado al sótano del inconsciente. Sin embargo, este complejo es, precisamente, la principal motivación de la actividad humana. No importa el complejo en sí mismo. Lo que importa es cómo reaccionamos ante él. Fracasan quienes no lo encaran; los que triunfan son los que se enfrentan a su complejo de inferioridad. Los que agarrados de la cornisa, con el vacío a sus pies y el malo apuntándoles con una pistola, ¡aún piensan en lo que van a cenar esa noche!

¿Cómo descubrir los propios complejos de inferioridad para transformarlos en motivación? Reconocer los de los demás es tan fácil como parpadear. Pero resulta casi imposible reconocer los de uno mismo. ¿Quién admite, por ejemplo, que el deseo de ganar un simple partido de tenis está impulsado por un complejo de inferioridad? ¿Quién reconoce que las ansias de demostrar a los demás la propia valía no proceden de ese mismo complejo? ¿O el de humillar al que nos ha ofendido? ¿Quién considera que su voluntad de dominio en el hogar, en el trabajo y en la sociedad corresponde a un síntoma de inferioridad? Por lo general, el impulso de situarse por encima de los demás lo identificamos como un legítimo reflejo de nuestra experiencia, conocimiento o autoridad profesional. Sin embargo, con demasiada frecuencia, el ser humano se cree tan importante ¡como una estatua cubierta con una sábana y olvidada en un sótano!

Si uno puede descubrir la causa de su inferioridad no necesita ir al psiquiatra. Una fórmula para averiguarla es preguntarse: «¿Cuáles son mis metas en la vida?». Casi todos perseguimos lo mismo: prestigio, dinero, la estima de los demás, el máximo nivel profesional, social... Nuestras metas significan, por lo tanto, una compensación de alguna deficiencia física o psíquica, real o imaginaria. Lo que uno echa de menos es lo que le hace sentir inferior y se esfuerza por conseguir o compensar. Nos movemos, pues, para llegar a alguna parte. ¡Aunque sea cerca del camarero que lleva la bandeja de canapés!

«No podemos pensar, sentir, desear o actuar —dijo Adler— sin la percepción de alguna meta.» Por consiguiente, una vez que uno descubre cuál es su complejo de inferioridad, hay que ver la forma, no de librarse de él, sino de aprovecharse de él, de utilizarlo como un trampolín para lograr lo que deseamos. Sin el estímulo del complejo de inferioridad todo talento quedaría soterrado. El impulso del «bajito» por demostrar que puede «dominar» a los demás o el del «feo» que oculta un extraordinario encanto es realmente un poderoso incentivo. ¡Nadie sabe lo que puede ser hasta que lo ensaya!

Sin embargo, cuando el sentimiento de incapacidad invade toda la personalidad y se convierte en una sensación generalizada de inferioridad, éste se extiende y hace fracasar a quien lo padece, dado que lo convierte en un ser patológicamente tímido y retraído. O todo lo contrario: un tipo arrogante y agresivo. De todo ello se deduce que el complejo de inferioridad es una poderosa fuerza motivadora, positiva o negativa, según reacciones. Pero, por favor, no niegues que lo padeces. Te expone a que los demás reconozcan que, efectivamente, careces de él y que eres demasiado simple para tener algo complejo.

CLAVES PARA COMPENSAR SATISFACTORIAMENTE TU COMPLEJO DE INFERIORIDAD

- **No elijas la meta que más halague tu ego:** casi todo el mundo anhela el poder. Pero es bueno también considerar tu capacidad real de alcanzarlo. Puede ser muy frustrante admitir que uno no puede ser Albert Einstein o Marilyn Monroe. No obstante, si conoces realmente tus limitaciones —¿quién las conoce?—, coloca el listón a la altura de tus circunstancias y confórmate con un razonable dominio de tu destino, el suficiente para no ser instrumento de la voluntad de los demás (¡especialmente de tu astrólogo!).
- **Apela a la razón:** a los sentimientos de inferioridad se les llama «productos de la fantasía», porque no tienen fundamento en la realidad de los hechos. Reflexiona en este sentido hasta conseguir reconocer lo infundado que resulta dejarse gobernar por algo que sólo está en tu imaginación y en una errónea percepción de las cosas. Verse inferior en algún aspecto de la personalidad no es difícil de superar. Lo grave es cuando alguien se considera inferior en su personalidad global y, de los hermosos castillos que ha construido en el aire, se conforma sólo con sus ruinas.
- **Persigue una compensación positiva:** la compensación que mitigue tu complejo de inferioridad ha de ser socialmente positiva, conducir a la propia estimación y a la de los

demás. Si no reúnes esta condición, deberás de ser mago: ¡la gente te pedirá que desaparezcas!
- **Reacciona:** no aceptes nunca una situación de inferioridad. Además de que soportarla ya es un enorme suplicio moral (falta de confianza, de seguridad, de madurez), no puedes ni debes tolerarla. Hay que reaccionar usándola a tu favor. Tu subestimación es uno de los mayores obstáculos para caminar en la vida y forjarte una personalidad equilibrada. Supone, además, la pérdida de ventajas que hubieses podido aprovechar.

Síndrome de la teja faltante

Las víctimas de este síndrome padecen, a causa de una única carencia o deficiencia (física o de carácter), un sentimiento de inferioridad que hacen extensible a toda su personalidad. Sin embargo, su problema puede convertirse en una ventaja... «Conocí a un hombre —declaró en cierta ocasión el escritor Artemus Ward— que no tenía un solo diente, y, sin embargo, tocaba la trompeta como nadie.» No siempre los que padecen alguna carencia reaccionan tan positivamente como el protagonista del ejemplo anterior. Con demasiada frecuencia, a muchas personas que les falta una mano, tienen una nariz larga o, simplemente, carecen de cabello suficiente para peinarse, les invade una sensación de inferioridad que afecta a toda su personalidad, en especial, cuando se comparan con gente que tiene precisamente de lo que ellas carecen. Son las que sufren el «síndrome de la teja faltante». ¡Las que en el queso gruyer sólo ven los agujeros!

Quien se ocupa obsesivamente de su exterior, no tiene tiempo de conocerse por dentro

Si quieres sabotear el desarrollo integral de tu personalidad, tu autoestima y tu bienestar, nada mejor que obsesionarte con alguna de tus mínimas imperfecciones, deficiencias o carencias. Comparándote con los demás habrás tomado el camino más fácil. Siempre los percibirás como seres completos, perfectos y felices. Cuando quien experimenta este síndrome mira a un tejado, solamente se fija en el hueco de la única teja faltante. Así, el calvo, siempre que entra en algún sitio, sólo ve abundantes y lustrosas cabelleras; el manco, estilizadas manos, y el insatisfecho con su nariz, perfilados apéndices olfativos. Y, lo que es peor: este masoquista especializado siempre busca la comparación más desventajosa; así, se fija en tipos con caras y cuerpos bien proporcionados, y pasa por alto la gran cantidad de anatomías y rostros «adefesieros» que existen, ¡esos que sólo mejoran cuando se produce un apagón!

El número y la diversidad de quejas, por parte de los afectados del síndrome de la teja faltante, son infinitos. Su exagerada autocrítica no sólo se limita a obsesionarse con su única imperfección física, también son expertos en destacar la de su carácter o la de su habilidad social si su aspecto exterior es intachable. Los afectados por este síndrome eligen, por lo tanto, aquel rasgo de su cuerpo, cara o personalidad que desprecian y centran exclusivamente su atención en él gran parte de su vida. Su obsesión está tan focalizada en ese defecto que pierden toda perspectiva sobre el resto de su cuerpo o de su personalidad, que puede ser admirable. Cuando se miran en el espejo sólo ven una narizota o una bola de billar por cabeza. Son incapaces de advertir en su cara unos bonitos ojos o una sonrisa cautivadora. Asimismo, en sus contactos sociales únicamente están pendientes de cuánto tardarán sus interlocutores en descubrir su teja faltante. Esto significa que no controlan bien sus emociones. Quien se compara siempre con los demás, acaba siendo un ser humano de segunda.

Las víctimas de este síndrome tienden a sufrir, por lo tanto, un sentimiento de inferioridad por tan sólo un defecto que generalizan a toda su personalidad. De acuerdo con esta exagerada percepción, una persona a la que le falten un par de dedos de una mano, por ejemplo, puede llegar a convertirse en un inválido que no compite y rehúye los contactos sociales. No obstante, resulta obvio que una persona con esta deficiencia digital sólo es inferior por su patológica forma de percibirse. Es evidente, además, que seguirá conservando la mayoría de sus cualidades, porque lo que importa es el resto. No es tan importante que carezca de dos dedos en la mano, ¡como que le falten en la frente!

La importancia de la teja faltante es, por consiguiente, absolutamente relativa. Para muchas personas, los que no saben inglés, por ejemplo, son unos incultos. Y, para otras, lo son quienes no saben apreciar la belleza del *piercing* en los glúteos. De acuerdo con los puntos de vista de los demás, no hay ninguno de nosotros que no esté tremendamente incapacitado en alguno de los aspectos que otros consideran importantes. Por esta razón, resulta una actitud enfermiza sentir a cada instante la teja faltante. Este sentimiento se convierte en un fantasma limitante para el desarrollo de la personalidad, el crecimiento personal o la realización profesional, hasta el punto de que alguien sin un pelo de tonto puede definir el cabello como ¡lo que sirve para quedarse calvo!

Los que viven bajo el yugo de este síndrome no hacen ningún esfuerzo por superar o compensar su deficiencia. Toda su vida se convierte en una conducta de evitación u ocultación con objeto de disimular su sensación de fracaso. A veces, la «tragedia» es ser un poco más bajo que la media. Para el ego masculino, por lo general, es tan humillante que su teja faltante sea cinco centímetros menos de estatura que puede llegar a considerarse a sí mismo un ser deforme o pseudoinválido (no hay más que fijarse en los tacones de Nicolas Sarkozy y Silvio Berlusconi en las fotos de cuerpo entero que publica la prensa). Los hombres suelen mentir sobre su estatura, como la mujer acerca de su edad. Existe una psicología del hombre bajo, como la hay del sordo o del ciego. El bajito es un tipo presumido y agresivo, o todo lo contrario, tímido e introvertido para pasar lo más desapercibido posible. Estas conductas son extrapolables a los demás casos. No es de extrañar, pues, que las consultas de los psicólogos se llenen de gente que no ha sabido descubrir la ventaja que supone que le falte una teja ¡en vez de un tornillo!

CLAVES PARA SUPERAR EL SÍNDROME
DE LA TEJA FALTANTE

- **Identifica tu teja faltante:** localiza cuál en tu teja faltante y adopta uno de estos caminos: consíguela, si es posible, sustitúyela u olvídate de ella y concéntrate en las que no te faltan. Sólo hay una forma de ver las cosas: ¡en su totalidad!
- **Aceptación de uno mismo:** en caso de que no puedas conseguir la teja que te falta, asume tu identidad corporal e intelectual, y transforma esa carencia en un estímulo para generar o potenciar otras habilidades que puedan llenar ese vacío. ¡No ocultes en tu currículo su inexistencia!
- **Cultiva tu autoestima:** los juicios negativos que haces de ti mismo tienen un efecto negativo en tu autoestima. Si siempre te fijas en tu teja faltante serás un desdichado. Si, en cambio, te congratulas de que el resto de tu tejado está completo, serás feliz. Tú decides. ¡La felicidad no consiste en tener lo que se quiere, sino en querer lo que se tiene!
- **Supera el sentimiento de inferioridad con la «compensación»:** tanto si la inferioridad es real como falsa, toda limitación puede tener una salida a través de una compensación. Busca otra cualidad que poseas para potenciarla al máximo, o adquiere una nueva que sustituya la carente y que «anule» la falsa percepción que tienes de tu teja faltante. El problema aparece cuando una persona que es deficiente en algo no sobresale en nada o no es capaz de buscarse una compensación. Eso, sin contar con que algunas viven felices con sus carencias o defectos, o, precisamente por éstos, tienen éxito. ¿Quién no conoce a Rossy de Palma? ¡Tiene olfato para saber lo que le hace feliz!

Cómo encontrar el bote de espinacas perdido

En ocasiones, las adversidades y las desgracias de la vida se ceban en personas que en su día tuvieron fe en sí mismas para afrontarlas, pero que, en un momento dado, sienten que la concatenación continua de experiencias negativas les ha restado esa «fuerza interior» y provocado ansiedad, miedos, conflictos personales con la pareja, con el jefe o con el vecino de al lado. Estos trastornos son, sin embargo, los que pueden impulsarlas a tratar de recuperar su perdido bote de espinacas (psíquicas) a través de la psicoterapia, cuando comprueban que su fuerza interior ha desaparecido y los desahogos con amigos acodados en la barra de un bar han resultado tan útiles como un cenicero de moto...

La vida es un arcoíris que también incluye el color negro
«No puedo hacerlo», «Ahora siempre me sale todo mal», «Nunca he tenido un jefe comprensivo», «Estoy fracasando en mis relaciones de pareja», «No merezco que me quieran»... Las frases que emplean este tipo de personas están anunciando que son víctimas de su conducta, de su forma de pensar o de su falta de control sobre sus emociones negativas. La gente que sufre conflictos personales y acude a psicoterapia es que ha agotado sus recursos para solucionarlos o ha perdido la confianza en sus propios mecanismos de defensa, pero aún tiene la fuerza necesaria para pedir ayuda. Esto es

lo mejor que uno puede hacer cuando tiene atascada su mente, lo que inhibe el flujo de conductas productivas.

La tarea del psicoterapeuta es, en estos casos, devolver al paciente su fortaleza personal perdida. Transmitirle el siguiente mensaje: «Usted no tiene por qué ser víctima, sino vencedor». Y dicho paciente debe ser capaz de reaccionar y actuar sobre la base de este mensaje. El objetivo de la psicoterapia es, pues, ayudar a las personas a fortalecerse de nuevo, esto es, a que busquen —como Popeye— el bote de espinacas (psíquicas) que perdieron y que ahora necesitan recuperar para volver a ser ellas mismas y superar las adversidades. Ser responsables de su vida. ¡No sólo los actores de teatro han de ser responsables de sus actos!

El problema principal de estas personas debilitadas psicológicamente radica en su forma inadecuada de percibir la realidad (muchas de sus conductas y actitudes están regidas por sus emociones o sentimientos antes que por la razón). Para ayudarles a encontrar su propio bote de espinacas existen diversas técnicas terapéuticas. Entre las más conocidas y eficaces se encuentra la terapia cognitiva de conducta. Ésta consiste, fundamentalmente, en hacer comprender a la persona por qué es como es. Y por qué le pasa lo que le pasa. Y es que la vida es un arcoíris que también incluye el color negro.

La terapia cognitiva intenta reemplazar las interpretaciones negativas que el paciente hace de lo que le sucede, por otras explicaciones más realistas y menos deprimentes. Por ejemplo, un empleado recibe de su superior una crítica a su trabajo. Su reacción mental es:

«Soy un incompetente total». Y su emoción o sentimiento correspondiente es sentirse abatido y humillado. Como si el mundo se hubiera hundido bajo sus pies. Una reacción bien conocida entre los inversores cuando estornuda la bolsa de Nueva York o la de Fráncfort. Sin embargo, la terapia cognitiva trata de transformar la reacción negativa en otras más racionales y posibles: «Mi jefe no ha analizado bien mi trabajo», «Él no sabe gran cosa de eso» o «Tiene razón, pero tampoco es tan grave. Intentaré hacerlo mejor la próxima vez». Estas reacciones, al contrario de las que producen la sensación de que «el mundo se te viene abajo», generan otras emociones más racionales que relativizan la situación: la esperanza de realizar mejor el próximo trabajo, tener en cuenta la crítica y obtener el reconocimiento deseado, ¡aunque luego uses el reverso del diploma para hacer la lista de la compra!

Es la razón lo que elimina el sufrimiento, no el apartamento con vistas al mar

Los expertos en terapia cognitiva parten de un axioma: el pensamiento crea la emoción. Sólo comprendiendo tu forma de ser (de razonar) y de sentir emociones, puedes volver a encontrar tu bote de espinacas perdido. Una vez fortalecido con tu propio remedio, podrás ser capaz de modificar los comportamientos o las formas de pensar inadecuadas, que son la fuente de tu sufrimiento. Por lo tanto, lo que la psicoterapia persigue es establecer una situación a través de la cual las personas con problemas para afrontar las adversidades se fortalezcan a sí mismas. La recuperación de su bote de espinacas les permitirá activar sus adormecidos recursos y comenzar a hacer las cosas que antes se sentían con fuerzas para acometer. ¡Aunque fuera levantar una mariposa en ayunas!

Para conseguir esta reactivación, la moderna psicoterapia utiliza diversos métodos. Uno de los más eficaces es el de la comunicación indirecta, propuesto por el médico e hipnoterapeuta estadounidense Milton H. Erikson. Se trata de comentar ideas, anécdotas y metáforas a las que el paciente pueda responder y asociar con formas de actuar. No consiste en decirle a éste lo que debe hacer, sino orientarle sutilmente hacia una posible manera de pensar o sentir que facilite los cambios. Como si fuera por propia decisión del paciente. Este método indirecto de comunicación tiene su importancia: a la mayoría de las personas no les gusta que se les diga qué deben hacer, cómo deben pensar o qué deben sentir. ¡Prefieren equivocarse por sí mismas!

Las terapias sirven, por consiguiente, para modificar las evaluaciones incorrectas o negativas que uno hace sobre lo que le ocurre o sobre sus propios recursos. Ofrecen alternativas para que una persona pueda reorganizar la manera en que percibe las situaciones conflictivas, sustituyendo las interpretaciones poco objetivas o negativas por otras más acertadas, más realistas, que generen respuestas emocionales positivas y que propicien el cambio de actitud con el propósito de conseguir una personalidad equilibrada. A veces, no siempre es necesaria la intervención de un especialista. Si uno dispone de amigos creativos y con sentido común, puede encontrar en ellos la solución a sus conflictos. En este sentido, no puedo resistir la tentación de contar al lector la historia que hace años leí en una revista: «Un paciente le cuenta a su psiquiatra que tiene un problema: "Cada vez que voy a acostarme creo que hay alguien debajo de la cama. Para combatir esto duermo debajo de la cama y entonces creo que hay alguien arriba". El especialista le promete que le curará si acude a su consulta tres veces por semana durante un año y estipula un alto precio por sesión. Seis meses más tarde el psiquiatra se encuentra con el paciente, al que le pregunta por qué no volvió más a su consulta. Éste le responde que un camarero amigo le curó por el precio de un café: "¡Me dijo que le cortara las cuatro patas a la cama!"».

CLAVES PARA ENCONTRAR TU BOTE DE ESPINACAS

- **Deducciones irracionales:** ante los reveses de la vida, no extraigas conclusiones negativas sin razón. Los seres humanos somos proclives a sacar conclusiones incorrectas de hechos pasados o presentes. Preferimos pensar que estos acontecimientos son los culpables de nuestra ansiedad o nuestro problema. El hecho de que, por ejemplo, sus maletas nunca hayan salido las primeras en la cinta transportadora de un aeropuerto ¡no te da derecho a pensar que eres una persona sin suerte! Es lo que nos decimos a nosotros mismos lo que nos trastorna, no el hecho en sí mismo.
- **Abstracción selectiva:** no te fijes sólo en un detalle negativo de todo un contexto positivo. ¡El que los *donuts* tengan

un orificio central incomestible, que es lo que más te llama la atención, no quiere decir que el resto del producto no sea nutritivo!
- **Amplificación y minimización:** no minimices los aspectos positivos de una situación ni exageres los aspectos negativos. Esto es, no hagas de un grano de arena una montaña. ¡Salvo que andes con una china en el zapato!
- **Personalización:** no vincules los acontecimientos negativos contigo mismo. El desarrollo de la personalidad no consiste en atribuirse más problemas de los que a uno le corresponden. Y, si es posible, ¡tampoco te provoques ninguno hasta que tengas la solución en tu mano!

3
DE LA PERSONALIDAD CAMBIANTE

¿Te conformas con que te quepan los pies en tus zapatos?

Es difícil admitir que todo termina: que el trabajo que en su día tanto te entusiasmó ahora ha perdido todo interés para ti. Que por aquella persona que te enamoró, hoy sientes indiferencia o desapego. O que la casa que con tanta ilusión compraste, en la actualidad ya no te sirve. O que incluso estás insatisfecho contigo mismo. Las historias se acaban y a menudo creemos que cuando esto sucede es el fin del mundo. Pero no hay que mirar al cielo: ¡las estrellas siguen allí, aunque las nubes te impidan verlas!

¿Estás estancado en la vida?
Sin embargo, la mayoría de la gente se resiste al cambio. Aunque esté frustrada, aburrida consigo misma o incluso angustiada con su situación. El hecho de que ante la (in)decisión de operar algún cambio en su vida aparezca la angustia o la crisis emocional es un síntoma de que se ha renunciado a la responsabilidad de

evolucionar, bajo el pretexto, en muchos casos, de proteger su seguridad. Muchas personas sienten impotencia para cambiar. Incluso se autoengañan pensando que el tiempo o la suerte transformará radicalmente sus vidas, aunque luego pasa el tiempo sin que esto suceda. Es entonces cuando pueden hasta desesperarse, porque no comprenden la verdadera razón que les impide afrontar un cambio. Su personalidad indecisa, miedosa o inmovilista es uno de los motivos. También la falta de autorrealización a la que se refiere el antropólogo Abraham Maslow: si eres menos de lo que eres capaz, te encontrarás frustrado el resto de tu vida.

Pero buscar un nuevo trabajo, una nueva casa, una nueva pareja o, simplemente, una nueva afición es, muchas veces, necesario. El ser humano ha de estar en una constante reorientación y esa necesidad puede alcanzar a la de la evolución de su personalidad. Quien no entienda esto se estanca y deja de vivir. Pero quien comprende que las circunstancias te obligan a cambiar, se transforma si sabe que lleva consigo la facultad de amar, de crear y de seguir creciendo modificando positivamente su personalidad. Según el prestigioso psicólogo estadounidense Martin Seligman, hay aspectos de la personalidad que no pueden cambiarse. El temperamento, por ejemplo, está biológicamente condicionado, mientras que el carácter es aprendido; aun así, modificarlo entraña una dificultad parecida a la de aprender un segundo idioma. Sin embargo, la personalidad es, decididamente, modificable, es un complejo rompecabezas. Se cambia no sólo porque te cases, encuentres otro trabajo, fracases o triunfes, tengas hijos o cualquier otra circunstancia. Puede cambiarse al margen de lo anterior, si te lo propones.

Con todo, cambiar aspectos importantes de nuestra personalidad no es tan fácil como cambiar de canal de televisión. Pero tampoco tan difícil, ya que cada uno de nosotros tiene en potencia una fascinante colección de capacidades que es necesario expresar y explotar. Disponemos de facultades que hemos aprendido, como la tendencia a responder de la misma forma —con agresividad, tristeza, pesimismo...— en muchas situaciones, que podemos cambiar o reeducar. Y otras facultades que hemos descuidado o ignorado. Reinventarnos a nosotros mismos no significa «ser otros», sino reconstruir nuestra casa modificando los aspectos negativos o incorporando elementos propios no utilizados antes. Esto es, combinando las partes bien cultivadas con aquellas otras que aún no hemos experimentado o disfrutado. Y es que las mentes son como los paracaídas: ¡sólo funcionan cuando se abren!

¿Qué es lo que puedo hacer yo ahora?
Hay un importante factor que nos impide cambiar: el «enfoque erróneo» (miras el problema, no la solución). Cuando te hallas estancado miras hacia las áreas del conflicto —«Odio mi trabajo», «Mi pareja y yo estamos siempre discutiendo»...—. En vez de lamentarte por las circunstancias, formúlate esta concreta pregunta: «¿Qué es lo que puedo hacer?». El sentimiento de insatisfacción es un síntoma que te invita a reflexio-

nar sobre tu vida. Por otro lado, también es fácil estar estancado mirando el pasado. Pensando en cosas que te ocurrieron («Mis padres no me quisieron», «No me comporté bien con un amigo», «Estoy celoso de las relaciones que mi pareja tuvo anteriormente»). Y es que viviendo en el pasado te fijas en «lo que se hizo», en vez de en «lo que tú puedes hacer ahora». Por lo tanto, si varías el enfoque de tu mirada será también mucho más factible realizar los cambios. No hay que creer en las estrellas: ¡sólo cuando nos dan un puñetazo!

Resistencia al cambio vs. *renovarse o morir*
En este sentido, hay muchas personas que confiesan ser conscientes de su conducta inmovilista o de su perezosa forma de ser. U otras que, orgullosas, afirman saber lo que hacen o por qué lo hacen. Son gentes racionalizadoras, defensoras de su personalidad («Yo soy así y nadie me va a cambiar»). Aunque en su fuero interno desearían mejorar mucho su personalidad, tienen dudas, incertidumbres. Pueden incluso temer que si reniegan de sus principios o modos de actuar, su adaptación a una nueva realidad pueda desubicarlos. O, simplemente, no saben cómo hacerlo, por dónde iniciar el cambio. Son como ese ciempiés que si le preguntas cuál de sus extremidades mueve primero, es incapaz de empezar a andar. Los cambios pueden suponer una amenaza a su estabilidad. Es normal, por lo tanto, resistirse a ellos. Muchas personas, para huir del desasosiego que muchas veces comportan los cambios, renuncian a arriesgarse, a evolucionar. Aun reco-

nociendo que esos cambios serían claramente positivos y que mejorarían su personalidad, se preguntan por qué hay que fijarse nuevas metas si no existe la seguridad de alcanzarlas. Se amparan en lo que el escritor Alan Watts decía acerca del existir: «La vida es un misterio a vivir, no un problema para resolver».

Sin embargo, si no te atreves a cambiar, si no tienes la valentía de experimentar nuevos caminos, vas a perderte muchas cosas en la vida. Al no aceptar tu propia responsabilidad, tú mismo te creas la infelicidad. Echarás la culpa de ello a tu pareja, a tu trabajo, a la mala suerte, al destino... Pero nada ni nadie está haciéndote infeliz. El rumbo de tu vida está en tus manos y no en la de los demás, y tú eres el único responsable de lo que eres. La única alternativa es cambiar. Mirar hacia adelante dedicando tu energía a resolver el problema de tu vida. La esencia de la vida es ir hacia adelante. La vida es una calle de sentido único en la que no puedes dar marcha atrás. No importa el hecho de que tú no puedas predecir el futuro. Nadie puede predecir el futuro —pese a que los videntes garanticen a los miedosos del cambio que cuentan con esa extraordinaria facultad—, ni mucho menos controlarlo. El control del futuro es sólo una ingenua ilusión para que los temerosos del cambio se tranquilicen. Sí puedes, en cambio, imaginar las consecuencias de tus acciones. Pensando en ellas te resultará más fácil ver qué opciones deberías rechazar y cuáles considerar seriamente. Porque, muchas veces, tu trabajo o tus relaciones personales son el producto de elecciones desafortunadas o errores cometidos. Es el caso, por ejemplo, de cuando aceptaste una oferta de prejubilación demasiado jugosa para rechazarla y con el tiempo no consigues encontrar sentido a tu vida ni sabes cómo buscarlo. O de cuando confiaste en tu pareja, que se fue a comprar tabaco hace un año y aún no ha regresado. En estos o similares casos es inevitable encarar el cambio. Ignorar la necesidad de cambiar puede hacernos perder oportunidades muy valiosas para mejorar nuestra vida; aceptarla, por el contrario, es la fuente del mayor enriquecimiento personal. Obviamente, siempre hay excepciones, como la de ese dubitativo que confesaba: «¡Después de cinco años de psicoanálisis he descubierto que me encanta la forma de ser que he tenido!».

CLAVES PARA ATREVERTE A CAMBIAR

Las respuestas a las siguientes preguntas pueden ayudarte a encontrar nuevos enfoques para encarar los cambios que necesitas:

1. **¿Qué pasaría si esto le sucediese a mi vecino de enfrente? ¿Qué consejo le daría?:** asume imaginariamente que lo que te ocurre a ti le pasa a otra persona allegada. Pueden verse más claramente las opciones cuando estás considerándolas para los demás. Esta táctica funciona como la percepción de los defectos. ¡Siempre nos resulta más fácil verlos en los demás que en nosotros mismos!
2. **¿Qué haría si me quedara un solo día de vida?:** esta pregunta es incisiva, pero ayuda a disipar la confusión de

tu quehacer cotidiano. Te da rápidamente el sentido de lo que realmente es importante en tu vida. Es decir, puede ser el detonante que te ponga en acción para realizar el cambio. Vive cada día como si fuera el último y, al final, ¡tendrás razón!

3. **¿Qué hizo mi amigo cuando pasó por las mismas circunstancias por las que estoy pasando yo ahora?:** la mejor orientación que uno puede tener es alguien que haya pasado por la misma experiencia (cambio de actitudes, estudio, trabajo, pareja...) exitosamente. Pregúntale cómo afrontó los temores asociados a estos cambios. Los amigos casi siempre están dispuestos a compartir experiencias.

4. **¿Cómo afectará el cambio que pretendo adoptar a mis seres queridos?:** tus familiares y amigos pueden ser un apoyo o un desaliento. Pero involúcralos en tu decisión. Discute con ellos cómo ese cambio puede afectar a su vida y a la tuya. Si se oponen, busca la opinión de una persona imparcial en la que confíes. No obstante, recuerda esta historia: «¿Cuántos psicólogos se necesitan para cambiar una bombilla fundida?: uno, pero ¡la bombilla ha de querer que realmente la cambien!».

5. **¿Qué epitafio te gustaría ver inscrito en tu tumba?:** ¿quieres ser recordado como un dinámico empresario? ¿Un gran padre? ¿Un amigo generoso? Cuando elijas una de las distintas facetas de tu vida —puedes escoger aceptar un importante ascenso que te impida dedicar tiempo a tu familia o rechazarlo para poder ser el entrenador deportivo de tu hijo— pregúntate cuál será más digna para tu epitafio... Evita el que se podría aplicar a la mayoría: «Muerto a los veinticinco años, enterrado a los ochenta».

Miedo a correr riesgos y cómo exorcizarlo sin santiguarse

La resistencia al cambio y, por ende, seguir estancado en la vida procede, muchas veces, del propio miedo a correr riesgos. Aunque no sólo modificar la personalidad puede parecer una arriesgada decisión. Todas las actividades que realiza una persona en el transcurso de una jornada laboral pueden ser... mortales. Y eso incluye irse a dormir. Los riesgos cotidianos se incrementan en el trabajo, en la calle..., sin olvidar las de las catástrofes naturales y las derivadas del desarrollo tecnológico. O las que financiamos con nuestros propios impuestos, como es la de confiar en los políticos... Todo ello provoca en la gente miedo a correr riesgos. ¿Pueden controlarse los riesgos? ¿Es necesario correrlos?

La seguridad no existe en la vida. Lo único seguro es la duda, la incertidumbre, y que si pones la mano en el fuego te quemas. El simple hecho de acostarse, por ejemplo, puede ser una trampa mortal. Lo señaló Mark Twain: «Muere más gente en la cama que en el campo de batalla». Parece también alto el porcentaje de personas que sufre ataques cardíacos como resultado de una pasión amorosa. Especialmente si ésta se vive en cama ajena. Si uno consigue levantarse, debe afrontar asimismo nuevos peligros: al entrar en la bañera puede resbalar y sufrir fatales fracturas; al vestirse, las cremalleras del pantalón pueden atrapar la parte más delicada de su anatomía. Y, en la calle, los riesgos continúan: posibles desprendimientos de cornisas, atropellos... que pueden conceder a mucha gente el pasaporte a la eternidad mucho antes de lo que esperaba. Tampoco pueden descartarse los accidentes laborales, especialmente si se ejercen oficios peligrosos o las ya citadas catástrofes naturales o tecnológicas. Sin embargo, también se corren riesgos para la salud al invertir dinero en bolsa, al practicar deporte, al retirar dinero de un cajero automático, al comer en un restaurante (no hay un solo producto que sea inofensivo además de agradable), al tomar decisiones, al cambiar de trabajo, al elegir una carrera, unos amigos, una pareja para casarse... ¿Es esto una visión catastrofista de la vida? En absoluto. Los riesgos reales no aumentan: crece el miedo a asumirlos o la forma en que éstos son percibidos. Los riesgos son inherentes a la vida (los corremos constantemente al elegir y rechazar opciones). Pero son necesarios para progresar en ella. Considerarlos en su justa medida es la única forma de aprovechar oportunidades para sentirse bien o exitoso en la vida personal o profesional. O, simplemente, para conseguir lo que uno quiere. La gente que no asume riesgos vive estancada, paralizada... ¡Sólo puede atravesar las puertas giratorias si alguien las empuja!

El riesgo es no arriesgarse
¿Qué es un riesgo? El riesgo no es emoción ni aventura. Tampoco es la probabilidad de éxito. Es, precisamente, la medida de la probabilidad del fallo, que se incrementa con el tamaño de la inversión. El miedo

a correr riesgos que padecen muchas personas cuya personalidad adolece de empuje y decisión se produce porque invertir emocional o financieramente en algo implica la posibilidad de pérdida. Mucha gente piensa, por ejemplo, que el matrimonio es una «aventura de riesgo». ¿No es acaso la elección de pareja una especie de lotería o azar que implica riesgo? Efectivamente, puede serlo. Si considerásemos el porcentaje de divorcios y la «inversión» que se hace en este proyecto —emoción, ilusión, tiempo, energía y dinero—, muchas personas reconsiderarían esta decisión, si no fuera porque ésta se toma, en muchas ocasiones, en un estado de efímera locura. Todas las actividades humanas pueden interpretarse, en ciertos aspectos, como juegos de azar que implican riesgos. De hecho, no cesamos de jugar. Lo hacemos constantemente, en otra escala, sin que podamos saber muchas veces el alcance de las múltiples decisiones que tomamos a diario. El ser humano es una criatura condenada a vivir entre riesgos y posibilidades. ¡Quien arriesga puede perder, pero quien no arriesga pierde siempre!

Es imposible progresar sin correr riesgos. Los riesgos son necesarios para crecer, para agudizar la inteligencia, para prosperar y aprender de nuestros errores. Correr riesgos es necesario para madurar. En algunas ocasiones te caerás, pero te volverás a levantar cuantas veces sea preciso. El riesgo y la inseguridad forman parte inherente de la vida y de la libertad. Son lo que te garantiza estar vivo. Si no corres riesgos, estás muerto. Sin asumir riesgos no habría inversiones empresariales ni negocios, ni cambios de trabajo, ni nuevos pisos, ni nuevas amistades, ni nuevas dietas, ni nuevos descubrimientos, ¡ni nacimientos de bebés inesperados! Las gentes miedosas de correr riesgos se engañan a sí mismas. El miedo las esclaviza. Pierden la oportunidad de vivir la vida plenamente al ubicar en el primer lugar de sus aspiraciones la seguridad completa. Apuestan por la mediocridad y el fracaso. Son como ese preso temeroso que, para asegurarse una perfecta organización para su fuga de la cárcel, contrata los servicios de una agencia de viajes. El escritor José María Cabodevilla ironiza en su libro *El juego de la oca* sobre la gente obsesionada en evitar riesgos: «Todos esos hombres que empezaron atrancando todas sus puertas para librarse de los ladrones; que después colocaron telas metálicas en todas las ventanas para huir de los insectos; tuvieron luego pánico de los microbios, capaces de atravesar la retícula más tupida, pero nunca pudieron librarse de una especie animal mucho más dañina: los monstruos que dentro de su cabeza crea el propio miedo». Este tipo de personas debería, al menos, atreverse a preguntarse: ¿cambiaría positivamente mi personalidad y mi vida si corriera tal o cual riesgo? La doctora Elisabeth Kübler-Ross, una reconocida autoridad en acompañar y dar apoyo a enfermos terminales, afirmaba que la respuesta más habitual de las personas que estaban a punto de morir a la pregunta «¿Qué haría si volviera a vivir?» era: «Me habría arriesgado más».

Tolerancia al riesgo

Basándose en la teoría de la probabilidad, puede predecirse, sin necesidad de acudir al astrólogo de cabecera, cuánto riesgo podría uno correr sin que tuviera que asumir pérdidas inaceptables. La «tolerancia de riesgo» varía, obviamente, de una persona a otra. Para determinar este cálculo personal, es preciso elaborar un inventario de evaluación. En él hay que barajar el riesgo límite de perder dinero, de contraer compromisos, de ser rechazado, de perder poder o independencia, de ser superado por las expectativas de los demás, de ser atacado física o emocionalmente, de caer enfermo o de ser atropellado, entre otros parámetros. Lo que hay que evitar son riesgos obvios: permanecer en mitad de la carretera, por ejemplo, le expone a ser atropellado por los vehículos que circulan en ambos sentidos.

El objeto de esta evaluación es, pues, contemplar los posibles factores de riesgo para tomar una decisión con ciertas garantías. Las nuevas experiencias siempre generan una dosis de ansiedad y, en muchos casos, un miedo paralizante. Pero una forma de superar esos temores es, muchas veces, tan fácil como tomar lápiz y papel y —como se dice vulgarmente— «hacer números». La evaluación te ayudará a sentirte más seguro y prevenir el futuro. Salvo que sea uno taxista: ¡los taxistas nunca saben dónde estarán al cabo de cinco minutos!

CLAVES PARA CORRER RIESGOS SIN ENFERMAR

- **Antes de dar el salto:** si estás considerando correr un nuevo riesgo, háblalo también con alguien que haya corrido uno parecido y cuya situación guarde ciertos paralelismos con tu situación personal. ¡No confíes en ese plan de seguridad que consiste en rezar!
- **Prevé los riesgos ocultos:** las oportunidades suelen aparecer en períodos transicionales de la vida, y los peligros que deben superarse pueden ser cruciales. Piensa en los riesgos ocultos de cualquier situación nueva. Pero evalúalos en su justa medida. Siempre se alaba, por ejemplo, el coraje del domador de leones... sin embargo ¡pocos tienen en cuenta que dentro de la jaula él siempre está a salvo de los hombres!
- **No concentres riesgos:** la mayoría de las personas cree que es razonable casarse, cambiar de ciudad, comprarse un piso y tener gemelos. ¡Todo en un lapso de tiempo muy corto! Cada una de estas acciones implica la posibilidad de ganar algo, pero también de perderlo. No acumules riesgos, pues, de hacerlo, estás expuesto a padecer un severo estrés que te lleve al hospital... ¡y ése es, algunas veces, el peor sitio para caer enfermo!
- **No te obsesiones con la seguridad:** aceptar riesgos es inevitable en la aventura de vivir y, en consecuencia, para mejorar aspectos de la personalidad. No te obsesiones, pues, con la búsqueda de una seguridad completa porque ésta no existe. Es preferible equivocarse de vez en cuando que vivir disecado en casa bajo un permanente ataque de agorafobia.
- **El riesgo como aprendizaje:** el pensamiento racional implica una disposición a correr riesgos, pero no de forma

> alocada, y aprender continuamente de los riesgos que se toman y sus resultados. Porque el precio del éxito es el riesgo a fallar. Hay que saber aprender de los fracasos sin ser devastado por ellos. Sólo es un fracasado aquel que no quiere seguir intentándolo. El que no sabe reconocer que no siempre sale todo a pedir de boca. Únicamente debe preocuparte aquellos fracasos de los que no hayas extraído ninguna enseñanza. Nunca sabrás hasta dónde puedes llegar si no arriesgas, aunque las compañías de seguros no te quieran como cliente...

¿Quién serías tú si no fueras tú?

Querer ser otro tiene tan poco sentido como declararse enemigo del movimiento intestinal. Pese a ello, algunas personas desearían cambiar. O sentirse «otras». O, cuando menos, cambiar «algo» de sí mismas. Sin embargo, la mayoría se resiste al más mínimo cambio en su personalidad. Aunque esté aburrida, frustrada y angustiada, siente impotencia para cambiar... Cambiar algún aspecto de nuestra personalidad no es tan fácil como cambiar de camisa. Aunque tampoco tan difícil como eliminar definitivamente la caspa. La fórmula para reinventarse a sí mismo, evidentemente, no puede comprarse y aplicar como si de un simple crecepelo se tratase. Abordar cambios implica trabajo, esfuerzo y valor. Pero hay que afrontarlos para seguir creciendo. Quien no esté dispuesto a cambiar corre el riesgo de protagonizar la paradoja que anuncia: «Si una mañana te despiertas y ves que no te mueves, es que estás muerto».

¿Por qué nos resistimos al cambio? La mayoría de nosotros se siente cómoda en su entorno. Se identifica con una serie de hábitos, actitudes y actividades. Por contra, el cambio amenaza a nuestro sentido de identidad, parece una invasión a la intimidad. Nos obliga a adaptarnos a otras costumbres y actitudes que no nos son familiares. El cambio crea, pues, la «ansiedad de la ambigüedad», un incómodo sentimiento, como si no supiéramos exactamente quiénes somos. Éste puede ser también otro de los principales motivos. Si no sabemos quiénes somos, tampoco sabremos qué necesidades tenemos ni qué cosas queremos cambiar y cómo. Sobre el peligro de la ambigüedad la metáfora de Mark Twain es harto significativa: «Se puede andar con una pistola cargada, se puede andar con una pistola descargada; pero no se puede andar con una pistola que no se sabe si está cargada o descargada».

Cuando cambiar es inevitable

La reacción inmediata de muchas personas es defenderse del cambio y rechazarlo con la terquedad de la mula. Aunque, a veces, para sacudirse de encima la incertidumbre del cambio ¡basta tragarse la rueda de prensa que se celebra tras cada Consejo de Ministros, escuchar a la oposición o leer determinados periódicos! (decía Tomas Jefferson que «El hombre que no lee nada está mejor educado que el que sólo lee los periódicos»). Uno puede evitar el cambio por lealtad a los amigos, a los familiares o a uno mismo. O por la memoria de alguien (¿os suena eso de «Si yo muriera, ¿te volverías a casar?»). Lo conocido siempre es familiar y seguro, mientras que el cambio se vive a menudo como una especie de traición. Pero aceptar el cambio no sólo es saludable, sino necesario. Cambian los ciclos de la vida, como nuestra cultura y otras áreas de nuestra existencia. El cambio es, precisamente, uno de los fenómenos de nuestra sociedad. El cambio sólo es negativo cuando es el de la chaqueta del político. En este sentido, hasta la Cruz Roja se cura en salud con avisos como éste: «Se necesitan donantes de sangre sana, limpia y noble: ¡Políticos abstenerse!».

La realidad es que cada uno de nosotros tiene en reserva una fascinante colección de capacidades que es necesario explotar. Hay aspectos de nosotros mismos que han sido desarrollados y otros descuidados o ignorados. Reinventarse a sí mismo, decíamos anteriormente, no significa «ser otro», sino reconstruir nuestra casa con elementos propios no utilizados antes. Esto es, combinar las partes bien cultivadas con aquellas otras que aún no se han experimentado o disfrutado. Y es que las ventanas de la mente conviene abrirlas de par en par: ¡sólo los que asumen riesgos son libres!

Los psicólogos han descubierto que el desarrollo y el crecimiento personal no son transiciones que experimentan sólo los jóvenes. Hay procesos que duran toda la vida. Después de los treinta, cuarenta, cincuenta y más, nos seguimos moviendo a través de diferentes fases sin que, muchas veces, seamos conscientes de ellas. A veces, la reinvención de la personalidad viene impulsada por la insatisfacción que produce llevar una vida que a uno no le gusta, con la que no se siente cómodo. Tu círculo social, por ejemplo, puede dictarte un estilo de vida que tú has aceptado sin cuestionártelo. Cuando uno descubre que lleva una vida dirigida por los demás, el cambio es absolutamente necesario. No bastan posturas pusilánimes como la de esos que para evitar la influencia de la televisión ¡prefieren mirar el microondas!

Otras veces, tu trabajo o tus relaciones personales pueden ser el producto de elecciones desafortunadas o errores cometidos. Sientes que tu vida está en transición: quizá tus hijos hayan crecido. Tal vez te hayas prejubilado demasiado pronto. O puede que tu pareja se haya enamorado de otro/a hace años y aún estés esperando que reconsidere su decisión. En todos estos casos es inevitable encarar el cambio. Ignorar la necesidad de cambiar —o rehusando conocer los cambios que nos rodean— puede hacernos perder oportunidades muy valiosas para mejorar nuestra vida. Aceptar los cambios es la fuente de mayor enriquecimiento personal, de ahí que sea necesario tomar la decisión de cambiar. No hacerlo puede ser ya un fracaso.

¿Es posible «reinventarse» uno mismo la personalidad?

Pocas personas están absolutamente satisfechas con su personalidad. La mayoría de ellas cree que carece de algún rasgo que le gustaría poseer o, por el contrario, desearía eliminar, como, por ejemplo, el de reaccionar impulsivamente o el de ser indeciso. Como se sabe, los rasgos de personalidad están relacionados con la forma en que una persona actúa, reacciona, piensa, habla, revela sus intereses o se relaciona con los demás. Estos rasgos son los que permiten no sólo bautizar con un nombre la conducta de alguien, sino hasta predecirla. La idea de la personalidad como un constructo social ha sido defendida por muchos psicólogos, incluidos el propio Freud y algunos de sus discípulos. La personalidad está formada por la genética, el carácter y la influencia del entorno en el que uno se ha desenvuelto.

Sin embargo, la personalidad está también íntimamente relacionada con la identidad. Los seres humanos somos personas históricas, pero ello no significa que tengamos que vivir del pasado o dependiendo siempre de esta herencia. A medida que han avanzado las investigaciones acerca del origen de las cualidades personales, se ha puesto de manifiesto que las diferencias conductuales de la gente no están tanto vinculadas con factores internos o genéticos, como con los ambientes y las experiencias que se han tenido y el modo que hemos interactuado con ellas. Así, tenemos la posibilidad de redefinir nuestra personalidad con los cambios que deseemos desde el presente, para poder llegar a lo que por lo común se conoce —tautológicamente— como «tener personalidad». Esto es, poseer un sentimiento de seguridad, confianza y aplomo que se manifieste en cada una de las actividades que desarrollamos, bien individual o colectivamente. No se trata de cambiar nuestra personalidad (ésta suele persistir a través del tiempo), sino de potenciar o desarrollar aspectos constructivos (también podrían ser destructivos) de nosotros mismos y que mantenemos aletargados.

El psicólogo Seymour Epstein, de la Universidad de Massachussets, establece que todas las personas poseemos un sistema de creencias que configura nuestra personalidad:

- Lo que tú crees sobre tu propia personalidad (como si eres amable con la gente, competente en el trabajo, razonable en tus decisiones...).
- Lo que tú crees sobre el mundo (como si se puede confiar en la gente, si puedes esperar ayuda de ella...).
- Lo que tú crees que tienes que hacer para conseguir lo que quieres y evitar lo que temes (como si tendrás que trabajar duramente para alcanzar las metas que persigues, si lo podrás hacer con tu propio esfuerzo o confiar en que los demás te echen una mano).

Estas creencias basadas en generalizaciones de experiencias pasadas son elaboradas para ayudar a satisfacer tus necesidades. El éxito que obtengas depende de cómo interpretas las experiencias de tu vida. Mantener prejuicios como «Tú no puedes luchar contra el destino», «Si no te preocupas por ti mismo, nadie lo hará» o «Tengo mala suerte en todo» no es beneficioso para lograr cubrir tus necesidades. Así que, para conseguir los cambios que uno desea, lo más adecuado es forjarse metas en su vida personal y perseguirlas con confianza. Dichos cambios te ayudarán a redefinir tu personalidad.

Fijarse metas es como programar el GPS de tu vida
«El éxito sólo viene antes del trabajo en los diccionarios.» Esta sentencia no deja lugar a dudas: nadie te trae lo que deseas en la vida, tienes que ir tú a por ello. Para lograr tu objetivo, por lo tanto, es necesario aplicar todos los recursos disponibles y poner en práctica una estrategia. El reto asumido puede ser difícil y largo, pero lo más importante es saber centrar todas tus fuerzas en conseguirlo. Si te distrae el vuelo de una mosca, si permites que el despertador suene hasta agotar su batería o te dejas llevar por la apatía o el miedo, verás cada vez más lejos tu meta en la vida ¡como cuando coges los prismáticos del revés y miras por ellos!

Es fácil distraerse o no conseguir la concentración necesaria. Son muchos los intereses que reclaman nuestra atención y nos hacen olvidar de vez en cuando la meta que nos hemos trazado. Pero si no te centras, malgastarás tontamente los recursos que has puesto en juego. Centrarse es, por consiguiente, crucial para lograr tu objetivo. Sin embargo, con demasiada frecuencia, la gente falla en este punto: se desanima, se distrae, le falta confianza en sí misma, duda de sus propias fuerzas, se dispersa... o, lo que es aún peor, yerra en sus metas. ¡Como el que sueña ser carnicero y se hace vegetariano!

Son muchas las personas que creen tener metas y en realidad no las tienen. No han establecido sus objetivos de forma realista y detallada. Así, por ejemplo, la típica meta en una relación personal es lograr formar una pareja o un matrimonio feliz. Pero muchos hombres y muchas mujeres son incapaces de definir qué es «una pareja feliz». Qué esperan o qué persiguen al unirse a otra persona. Otro ejemplo es el tipo que está insatisfecho en su trabajo y se marca como meta encontrar «un trabajo mejor», sin especificar en qué consiste esa mejora. ¿En ganar más dinero? ¿Disponer de más tiempo libre? ¿Perder de vista a su jefe que se le antoja escapado del zoo?

La vida se vive sólo una vez, no hay otra de repuesto
Otras personas no saben cómo alcanzar sus metas y emplean métodos inadecuados. En este sentido, otro ejemplo muy típico podría ser el de esa mujer joven, cuya meta es vivir felizmente casada, que contrae matrimonio con un hombre que se ha divorciado ¡nueve veces! Muchos creen que el matrimonio es una lotería, pero ¿no es acaso una elección arriesgada unirse a un hombre que muestra claramente indicios de inestabilidad emocional? Salvo que el multidivorciado haya tenido la «mala suerte» de tropezarse en su vida con nueve víboras, las estadísticas no juegan a su favor. Aunque casarse muchas veces tiene, al menos económicamente, su lado positivo: ¡se amortiza el traje de novio!

La falta de interés en alcanzar la meta es otro de los factores que impide centrarse correctamente en la estrategia que cabe seguir. Esta debilidad se evidencia en aquellos que se fijan metas para complacer a otros. Es el tradicional caso del hijo cuyo padre quiere que sea abogado como él, que siga, en definitiva, su misma profesión. Pero si ésta no es la vocación del hijo, es fácil inferir que éste no estará suficientemente estimulado para aplicar todos sus recursos en alcanzar el objetivo. Otros descubren que sus metas son irrealistas. Ocurre cuando la gente no es consciente de sus limitaciones y aspira a un estilo de vida inalcanzable, o a cargos profesionales que sólo pueden conseguir trepas, cínicos y egocéntricos. Y, claro, ¡ahí encuentran una fuerte competencia!

Saber centrarse en la meta también resulta un problema para gentes ansiosas o nerviosas. A menudo dedican más tiempo y energía de los necesarios, con lo que disipan sus fuerzas. O se concentran en cosas que no son prioritarias, como mirar en el periódico qué tiempo hará en las principales ciudades del mundo, aun cuando no tienen intención de moverse de donde residen, ni tampoco familiares, amigos o conocidos que vivan en otras latitudes, llamar a sus amigos frecuentemente, sin ningún motivo específico o leer con emoción el listín telefónico en busca de gente con su mismo apellido: López. Todas estas actividades están orientadas a liberarse de la ansiedad que les genera perseguir sus metas. Si, en cambio, los que dispersan inútilmente sus energías se dedicaran a pronosticar sus fracasos, ¡serían unos profetas de mucho éxito!

En el lado opuesto, se encuentra la gente que llega a ser adicta a la persecución de metas porque éstas les resultan estimulantes. Hallan una inmediata gratificación en activar estrategias y conseguir un objetivo para, a continuación, fijarse otro, y otro más sin apenas respirar ni gozar de la meta alcanzada. Se asemejan a esos esforzados oficinistas que practican *jogging*. Al principio, se marcan correr 2 kilómetros, luego 5, más tarde 10, hasta que un día les recoge un automóvil que luce un letrero que no presagia buenos augurios: AICNALUBMA. Por último, existen otras personas insensatas que rehúsan competir, luchar por alguna meta. Rechazan la idea de fijarse un objetivo en su vida. Van a la deriva, sin estímulos, sin brújula que les señale el camino. Son las que en la vida ¡se conforman —como decíamos anteriormente en un titular— con que les quepan los pies en los zapatos! Creen, quizá, que si yerran, ya rectificarán en su próxima vida.

CLAVES PARA REINVENTAR TU PERSONALIDAD

- **Clarifica lo que es insatisfactorio en tu vida:** cuestionar la vida que has llevado hasta este momento supone una incomodidad. Pero esta reflexión es la que puede enriquecer tu existencia y tu personalidad. El deseo de escapar de la frustración conduce al cambio. Define lo que tú quieres ser o dejar atrás y por qué razones. Y recuérdatelas a menudo para predisponerte mentalmente al cambio y aceptarlo por la oportunidad que éste significa. ¡La gente feliz muere de vieja!
- **Aprende a valorar el cambio:** reconoce que todo cambio implica alguna pérdida o sacrificio. Así, por ejemplo, al cam-

biar a un nuevo trabajo —aunque esté mejor remunerado o te proporcione mayores perspectivas profesionales— puedes perder algo (buenos colegas, una buena ubicación con respecto a tu domicilio...). Acepta estas pérdidas como una evolución normal en tu vida antes de que afecten a tu equilibrio emocional. Nadie puede irse de vacaciones sin abandonar su casa.

- **Elige una meta y deséala con empeño:** conociendo lo que tú quieres conseguir, en tu trabajo o en tu vida privada o social, fíjate una meta y persíguela con tesón poniendo todos los medios que estén a tu alcance. Recuérdala a menudo para que todos tus esfuerzos estén orientados hacia ella. Ejercita tu imaginación. Piensa en el nuevo escenario. Visualiza tu meta, por lejana que esté. Crea estrategias insospechadas para perseguirla. Y, ante cualquier mínima duda, cuestiónate por qué vas en pos de ella. Si no tienes tu objetivo claro, siempre andarás buscando sin encontrar nada. Serás como los náufragos: ¡no podrás elegir puerto!

- **Confía en tu capacidad de planificar:** en los seres humanos conviven distintas tendencias. Aun así conviene seguir un plan y centrarse únicamente en él. Establecerlo como prioridad. No permitas que tu atención se disperse. Permanece siempre activo en tu estrategia. Perseguir una meta es como andar en bicicleta: ¡o pedaleas constantemente o te caes!

- **Busca modelos:** la mejor orientación que uno puede tener es la que le pueda brindar alguien que haya pasado por la misma experiencia (cambio de actitudes, estudio, trabajo, pareja...) exitosamente. Pregúntale cómo afrontó los temores asociados a esos cambios. Sus ejemplos no resultarán siempre fáciles de imitar, pero ¡sí siempre útiles de conocer!

- **Involucra a los tuyos:** como ya se indicó anteriormente, tus familiares y amigos pueden ser un apoyo o un desaliento. Involúcralos. Discute con ellos cómo ese cambio afectará a tu vida y a la de ellos. Si se oponen, busca la opinión de una persona imparcial en la que tengas confianza. O la de dos.

- **Si fracasas, no te deprimas:** no importa lo que has hecho en tu vida hasta ahora. Tú dispones del poder de reinventar tu personalidad. Cada uno de nosotros posee un buen número de habilidades potenciales. Tenemos partes de nuestra personalidad que no han sido desarrolladas o nos hemos negado —consciente o inconscientemente— a activar. Probablemente, encontrarás dificultades para reinventarte, pero no te deprimas: no hay nada que no pueda superarse. Toma ejemplo de la gente creativa en otros campos y prepárate para corregir y reescribir varias veces (como hacen los escritores con sus originales) tu estrategia. Cada revisión de tu plan será mejor que la anterior. «Cada fracaso enseña al ser humano algo que necesitaba aprender.» (Charles Dickens)

Pensamientos automáticos y cómo insonorizar su tictac

«Si no apruebo la oposición, será para mí el final. Nunca más podré mirar de frente a mis amigos.» Éste puede ser el pensamiento que, de golpe, asalta a alguien que ha de hacer frente a una prueba. Es una idea exagerada, irracional e increíble que él no quisiera tener. Pero se le ha presentado en su mente súbita e involuntariamente, con la fuerza de un huracán. Y, lo que es peor: no puede apartarla de su cabeza. Es lo que se ha dado en llamar «pensamiento automático». Ideas negativas que deterioran la armonía interna y hacen sentir a quienes las tienen tan estúpidos como esos tontos que secuestraron a una familia completa y ¡no supieron luego a quién pedirle el rescate! Si ansiamos conseguir una personalidad equilibrada es preciso cambiar la forma que tenemos de interpretar los pensamientos automáticos, siempre sesgados e irracionales. Pensar correctamente es el deporte mental más difícil, de ahí que sea tan poco practicado.

La interminable levedad del diálogo interior
Pocas personas se percatan de que este tipo de pensamientos negativos surge sin elaborar, sin matizar, sin haber sido sometidos al más mínimo análisis racional, por lo que generan instantáneamente emociones muy intensas y de tan poderoso influjo, que hunden en la miseria a quienes las experimentan. Las emociones que uno siente no son el resultado de un hecho determinado, sino la interpretación que hacemos de ese hecho. Dicho de otra manera: las emociones son una consecuencia de lo que pensamos. Y los pensamientos influyen decisivamente en cómo sentimos. Si este proceso no es realista, ¡podemos confundir el ruido de la cisterna del baño con un mensaje del más allá!

Muchas personas enjuician repentinamente sus vivencias, en medio de un interminable diálogo interior. Les asaltan pensamientos automáticos, tendentes siempre a dramatizar y a predecir lo peor. Si, por ejemplo, el jefe les reprende, interpretan que son unas fracasadas y van a despedirlas del trabajo; si su pareja tarda en acudir a una cita, su primer pensamiento puede ser: «Ella ya no me quiere y me ha abandonado». Y si un automovilista les adelanta en la carretera mientras les mira con fijeza e insistencia, acude a su mente indefectiblemente la siguiente reflexión «Habré cometido alguna infracción». Son percepciones irreales a las que las personas propensas a la evaluación negativa se adhieren fielmente («Lo que yo pienso que piensan de mí los demás es verdad»).

Pero los pensamientos automáticos no sólo aparecen de repente en situaciones personales, sino también en relación con los demás. Si, por ejemplo, alguien ve llegar a un hombre en un lujoso automóvil e impecablemente vestido, puede pensar de inmediato «¿En qué turbios negocios andará éste metido?». Y es que, como ya se apuntaba más arriba, en los pensamientos automáticos no existe ningún análisis ni verificación. Pero pese a su probable irracionalidad, para quien los sufre son creíbles. Otra de las principales características por las que se distinguen los pensamientos automáticos es que parecen autónomos. Se presentan sin ser evocados. Sin pedir permiso. Como si tuvieran voluntad propia. El individuo no hace ningún esfuerzo por convocarlos. Son como flashes de imágenes visuales breves asociadas a conceptos específicos como «soledad», «muerte», «enfermedad», «fracaso», «ridículo», «sexo», etcétera. Y, en los casos más perturbadores, las personas que se ven asaltadas por pensamientos automáticos tienen serias dificultades para eliminarlos de su cabeza. ¡Son ideas tan incontrolables como un potro salvaje!

De todos modos, aunque todo el mundo puede generar pensamientos automáticos, éstos irrumpen con mayor frecuencia en aquellas personas que son ansiosas, depresivas, o con cierta fobia social. Pero todas los perciben como razonables, aunque disten mucho de ser objetivos. Aceptan su validez, sin cuestionárselos y sin verificar si responden o no a la realidad. O si son lógicos o irracionales. Más aún: en el caso patológico de una persona deprimida, ésta mantiene su pensamiento automático al margen de que se haya evidenciado su falsedad. Continuará creyendo en su idea hasta que se recupere de su depresión. O no.

Divorciarte de la «voz interior», esa que te dicta cómo tienes que pensar y actuar

A veces, los pensamientos automáticos son muy persistentes, hasta el punto de alterar gravemente la percepción y la conducta de quien los padece, cuyo pesimismo es un rasgo característico de su personalidad. Los pesimistas crónicos son seres cuyas conversaciones con los demás (y consigo mismos) siempre gravitan sobre hechos pasados, presentes o futuros que alimentan permanentemente su visión negativa de la vida. Para ellos, la existencia es una historia que siempre acaba mal.

Cuántas veces nos encontramos con personas que parece no faltarles nada en la vida, pero se lamentan de lo mal que les va todo. En cambio, otras, que tienen dificultades para salir adelante, se consideran afortunadas. Las primeras son las típicas que, en términos coloquiales, ven el vaso medio vacío, y las segundas, las que, obviamente, lo ven medio lleno. ¿Hay alguna forma de que esos seres humanos con mentalidad «destructiva» puedan cambiar su perspectiva de las cosas? No sólo es posible este cambio, sino absolutamente necesario si queremos dotar a nuestra personalidad de un equilibrio que nos procure una mayor satisfacción y esperanza en la propia existencia y, por ende, también una mejor relación con los demás. El que tiene un pensamiento constructivo ante la vida goza de muchas más probabilidades de conquistar el éxito, el bienestar y la salud. Disfruta de la vida porque sabe que ésta ¡nunca se repite!

Las personas que tienen una visión negativa de las circunstancias vitales no son, muchas veces, conscientes del diálogo interno que permanentemente mantienen con su propio cerebro. Ignoran que la percepción negativa que hacen de casi todo procede de esa «voz interior» con la que conversan. Aunque, en realidad, es más bien un monólogo, puesto que las personalidades con pensamiento negativo no quieren o no saben oponerse a lo que esa voz les dicta. Nada es más importante para éstas que prestar absoluta atención a los mensajes negativos que de esa voz reciben. Desconocen que la forma de percibir la realidad es una elección que depende sólo de cada persona. No es algo que te ocurre a ti. Es un sentimiento que tú mismo creas. Y si tú eres el «creador», también tú puedes hacerlo desaparecer. Como el problema está dentro de ti, la solución está en cambiar esa parte de tu personalidad.

¿Buscan los pensamientos automáticos a los pesimistas o son éstos quienes no saben vivir sin ellos?

La forma de pensar de la persona pesimista está asociada muchas veces a temores basados en experiencias pasadas y en lo que puede depararle el futuro. Preocupaciones sobre su trabajo, su vida, su gente... y, en suma, sobre cómo evolucionarán las cosas en el mundo. A menudo culpan a la sociedad moderna del ritmo de vida, el estrés, las incertidumbres que desata, las exigencias que impone, etcétera, pero ni el mundo ni la sociedad son realmente el problema. La realidad es que la visión negativa del pesimista surge de su interior («Esto no puede salir nunca bien», «¿Para qué esforzarme si mañana puede acabar todo?», «Jamás conseguiré el trabajo que me gusta», «Yo sé que nunca tengo suerte en la vida») ¿Permitirías que alguien te hablase así en la vida? Pues ¡ellos sí lo hacen!

¿Por qué estas personas «piensan» así? Por un lado, creen que esas preocupaciones son racionales y les protegen de los peligros y de las circunstancias adversas con las que pueden encontrarse. Y, por otro, su monótona voz interior les dice precisa y exactamente lo que ellos esperan escuchar acerca de sus vidas: decepción, infelicidad, insatisfacción... Este pensamiento destructivo no sólo rebaja sus expectativas vitales, sino que, ante los demás, proyectan una pobre imagen por su falta de personalidad. Estos pensamientos negativos tampoco los dejan dormir y, cuando al final lo consiguen, sueñan que no pueden dormir.

La buena noticia es que los pensamientos automáticos pueden cambiarse. Pueden ser rechazados, cambiados... uno puede burlarse de ellos o incluso eliminarlos. Puedes sustituir tu voz interior por otros mensajes positivos que graben lo que tú deseas realmente escuchar en la vida. Puedes aprender a entender que lo que tú estás diciéndote afecta a lo que tú haces, lo que tú crees y lo que tú eres. Los pensamientos automáticos son aprendidos. Desde la infancia, los seres humanos han sido condicionados por sus familias, amigos... para interpretar los hechos de una determinada manera. A menudo, ¡con el mismo atractivo que ofrece una bolsa de basuras espachurrada!

Sin embargo, con algún entrenamiento, puede incrementarse la concienciación sobre el proceso de los pensamientos automáticos y aprender a reemplazarlos. Esto es posible si somos capaces de identificarlos, evaluarlos y cambiar su orientación. Como lo que haríamos con una sensación de dolor o cualquier otro estímulo externo. Las personas están comunicándose constantemente «consigo mismas», interpretando (o malinterpretando) sus propias conductas, haciendo predicciones, generalizaciones sobre los demás o sobre sí mismos. Pero, raramente, son conscientes de que son esclavas de sus pensamientos automáticos, dictados desde su voz interior. Y, las que lo son, no saben cómo detenerlos.

Sin embargo, tú no eres tu voz interior. Tú eres una persona que realmente tiene la opción de escucharla o no. Cuando intentas hacer algo nuevo, tu voz interior puede decirte, por ejemplo: «Tú nunca podrás hacer eso» o «Tú nunca vas a conseguirlo». O puede apuntarte excusas que suenen aún más concretas: «No tengo tiempo», «Ya no tengo edad» o «A mi pareja no le va a gustar (o no me va a apoyar)». Son pretextos a los que te aferras porque la consecuencia del mensaje real que has recibido es que «estás asustado de intentarlo». La voz interior puede parecer que está protegiendo tu seguridad, ayudándote a evitar un fracaso, pero eso es, precisamente, lo que te incapacita. Porque con tal influencia, no puede tenerse una actitud productiva, ni creer en uno mismo, ni generar autoconfianza, ni impedir, en definitiva, tener una visión negativa de la vida. Si eliges seguir escuchando tu voz interior sin interpelarla, discutirla o contrastarla, el cambio en tu personalidad no será posible. Sólo cuando te entrenes para detectar e interpretar los mensajes de tu voz interior podrás librarte de ellos. Tras este aprendizaje, el «pensador automático» sabrá que siempre deberá meditar la reacción ante cualquier mensaje negativo que le asalte. ¡Salvo si le exigen la bolsa o la vida!

CLAVES PARA MODIFICAR LOS PENSAMIENTOS AUTOMÁTICOS

- **Identificación:** cuando el pensamiento automático está en el centro de la conciencia, no hay ningún problema en identificarlo. Sin embargo, si tú sientes un malestar indefinido ante una situación concreta, intenta averiguar los pensamientos que acudieron a tu mente con anterioridad. Revisa esos mensajes que recibiste para descubrir exactamente su contenido. Escribe durante cierto tiempo los pensamientos automáticos que recibes, anotando también los comentarios que tú te haces conscientemente en tu cabeza, sobre ti, sobre los demás y sobre lo que te ocurre. Al principio, tal vez no encuentres demasiado sentido a esto, pero si continúas con este ejercicio, te enseñará a escuchar cómo te habla tu voz interior y a descubrir la oculta influencia que tanto te inhabilita. Reflexiona hasta identificar los pensamientos automáticos. ¡Nadie es lo suficientemente joven para saberlo todo sin esfuerzo!

- **Distanciamiento:** una vez identificado el pensamiento automático, toma distancia de él. Este paso implica ser capaz de distinguir entre «Yo creo» (una opinión que ha de ser sometida a validación) y «Yo sé» (un hecho irrefutable). Piensa que tu voz interior es como un mal periodista, el que te dice que algo es cierto sin verificarlo. Contrasta tu propia opinión con tu reflexión y con otras personas confiables. En este sentido, si deseas cambiar tu personalidad, haz caso omiso de tu voz interior, si no quieres que tu actitud vuelva a ser como antes. Aplícate este antídoto. ¡Sólo hay que recurrir a la fe cuando fallen los antibióticos!

- **Modificación:** cuando hayas reconocido que el pensamiento automático es una suposición o hipótesis personal poco fiable, antes que aceptarlo como un hecho, ya estarás en disposición de cambiar los contenidos del mismo («Soy un fracasado», «No tengo suerte», «Nunca podré hacerlo»), por otros más positivos y razonables («¿Cómo voy a saber si puedo si no lo intento?», «¿Por qué no voy a recibir el apoyo que necesito?», «Lo hice lo mejor que pude y mi jefe no es tan listo como parece»). El cambio de dirección de tus pensamientos automáticos te permitirá conseguir el control de la situación. Y la siguiente reflexión te animará a esforzarte y mantenerte en esa línea: «Si el pesimismo es un estado mental, también el optimismo es otro estado mental». Después, aunque no es obligatorio, puedes descorchar una botella.
- **Ayuda especializada:** todas las personalidades aquejadas de pensamientos automáticos tienen la razonable esperanza de poder cambiar. Todos estamos destinados a evolucionar, transformarnos y crecer hasta que morimos. Pero si con tu «esfuerzo personal» no logras los resultados esperados, no te desanimes. Busca apoyo profesional con terapia cognitiva. Si sigues sufriendo y eres un mártir de tus pensamientos negativos ¡es porque tú te lo permites!

Los poderes curativos del pensamiento positivo

Por otro lado, en contraposición a la actitud de las personas de pensamiento negativo, psicólogos e inmunólogos trabajan desde hace años intentando alterar el estado mental de algunos pacientes. Está demostrado que el pensamiento positivo (optimismo, buen estado de ánimo), además de los beneficios que sobre la personalidad puede ejercer, también protege de las enfermedades. El pensamiento positivo es, no sólo un excelente potenciador de las relaciones sociales, sino una verdadera fuente de salud. El optimismo no es una panacea universal, ni el nirvana, pero el que tiene una actitud positiva ante la vida goza de muchas más probabilidades de mantener un buen estado de salud, puesto que refuerza su sistema inmunológico. Sonríe, ¡aunque no haya una buena razón!

No se trata de que las personas con pensamientos automáticos o pesimistas vean la vida color de rosa, al estilo de «No hay mal que por bien no venga» o «Me siento capaz de todo», sino de que aprendan —como se ha descrito en las claves anteriores— a desafiar sus pensamientos negativos de forma realista. De que descubran una manera más positiva de explicar los acontecimientos y controlar las reacciones ante la enfermedad (o cualquier otra adversidad) sin poner permanentemente esa cara de luto. Un estudio dirigido por el psiquiatra Alfred Krauss demostró científicamente que pensar de modo positivo evita enfermedades. Los pesimistas tienen un mayor riesgo de contraer una enfermedad que los optimistas. El sistema inmunológico de los primeros es mucho más vulnerable porque su producción de anticuerpos está significativamente debilitada. La piedra angular del conflicto se basa en aceptar que mediante un cambio de actitud puede influirse en los acontecimientos futuros. El célebre artículo de Norman Cousins, *Anatomía de una enfermedad* publicado en 1979 y que supuso una auténtica revolución entre muchos enfermos norteamericanos, ya recogía la narración de cómo este editor de revistas se había curado él solo de una artritis cerebral a base de mantener ante dicha dolencia una actitud mental positiva. En su trabajo argumentaba que un buen estado de ánimo podía curar o prevenir gran variedad de enfermedades y cómo la actitud contraria incrementaba la vulnerabilidad del organismo.

En este sentido, el psicólogo Martin Seligman, de la Universidad de Pensilvania, imparte cursos para erradicar pensamientos derrotistas. Su objetivo no se centra en el cáncer, sino en transformar a los pacientes en pensadores positivos frente a los acontecimientos negativos de sus vidas. Estos hallazgos no están basados en una observación casual, sino en la evaluación de cuidadosas estadísticas. Y éstas son tan impresionantes que los investigadores de Estados Unidos están tratando de identificar las bases químicas de ese poderoso mecanismo que es el pensamiento positivo.

El problema radica en que, aún hoy, mucha gente está convencida de que pensar positivamente no guarda relación con la psicología. Resulta lamentable que, a estas alturas del conocimiento de la psicosomática, todavía siga vigente la antigua filosofía que mantenía que el cuerpo y la mente eran dos entidades separadas, sin ninguna interacción entre ellas. Esta creencia está aún generalizada entre gente dogmática, que cree que la psique y el inconsciente son pamplinas que manejan psicólogos y psicoanalistas para quitarles a sus pacientes los problemas de la cabeza y trasladárselos a su bolsillo. Pero en la mente de todos están los numerosos ejemplos de personas que se han enfrentado a graves enfermedades como el cáncer con una enorme actitud positiva, controlando la reacción de desesperanza, y han conseguido superarlas. De hecho, la asociación entre la personalidad del enfermo y sobrevivir a una enfermedad neoplásica parece hoy día más que evidente. La conclusión es clara: los pensamientos positivos crean resultados positivos, y los pensamientos negativos crean resultados negativos. ¡Las ganas de vivir son, pues, la mejor medicina!

No sufras: ¡escríbelo!

¿Qué es la vida? Para algunos es incontrolable: «Es lo que te sucede mientras intentas hacer otros planes» (John Lennon). Para otros, «No es lo que nos pasa, sino qué hacemos con lo que nos pasa». Aunque, según José Ortega y Gasset, «Tampoco sabemos lo que pasa: ¡eso es lo que pasa!». Sabemos, eso sí, que nada hay tan cierto como la muerte y los impuestos. Pero mientras dura la vida, muchos se preguntan: «¿Sé vivirla?», «¿Qué quiero conseguir de ella?», «¿Me conozco interiormente?», «¿Entiendo mi personalidad?», «¿Puedo mejorarla?».

Son personas que se sienten necesitadas de alguna terapia. Y una fórmula fácil de cubrir esa necesidad es escribir un diario íntimo. Los diarios son extremadamente útiles para quienes quieren mejorar su personalidad y entender sus propios conflictos y los que tienen con los demás. Escribirlo es terapéutico y pone tu vida en perspectiva. Encuentras en él significados más profundos de tu vida interior. ¡Nada que ver con el movimiento peristáltico del intestino!

Si no puedes hablar con nadie de tus problemas emocionales o de tu personalidad, escribe acerca de ellos. Experimentarás una mejoría a medida que lo hagas. Llevar un diario personal no sólo es la clave para que tu memoria trabaje. Escribir te ayuda a comprender tus propios sentimientos y los de los demás, y a encontrar fórmulas para resolver problemas. Y si padeces incluso una enfermedad, escribir puede influir en tu sistema inmunológico, para combatirla con más efectividad. O, cuando menos, aliviará sus síntomas. No sufras... ¡escríbelo!

Escribir sobre experiencias estresantes como puedan ser una relación conflictiva, un problema profesional o una enfermedad crónica, reduce, efectivamente, los síntomas psicológicos y físicos que tales situaciones provocan en las personas que las padecen. El secreto de esta simple y sorprendente terapia radica en escribir de forma continua, sin pausas, y evitando cualquier preocupación que impida concentrarse en la escritura (como la sintaxis o la gramática). Con este ejercicio no se ha de pretender alcanzar el Nobel de Literatura. Muchas personas se resisten a llevar un diario porque piensan que no son buenos escritores (consuélate:

Ernest Hemingway no inventó nunca nada, ¡sólo tomó nota de todo!). Otras, no se atreven porque piensan que alguien podría leer sus pensamientos más íntimos. Y las más escépticas pretextan que tienen cosas más importantes que hacer. Pero nunca se preguntan si lo que tienen que hacer hoy, les acerca al lugar donde quieren estar mañana...

Lo que un diario puede hacer por ti
A menos que seas capaz de analizar y evaluar tus emociones y aceptar la autocrítica, escribir un diario en el que contar los acontecimientos más importantes o preocupantes de tu vida puede resultarte de un extraordinario valor terapéutico. Pensar y escribir acerca de tus reacciones y emociones te capacitará para entenderlas y compartirlas...

- **Autoexpresión:** escribir un diario te enseña a expresar lo que tú sientes de una forma que quizá te resultaría muy difícil, o incluso imposible, hacerlo en el trabajo o con la familia.
- **Reducción de estrés:** expresando tu ira al escribir liberas la tensión emocional que se instala en tu interior cuando no exteriorizas tus sentimientos (muchas personas aseguran sentirse calmadas y relajadas tras cada sesión de escritura en el diario).
- **Fortalecimiento de las relaciones:** escribir sobre la gente que conoces y tratas habitualmente te ayudará a comprenderla mejor y a ponerla en contacto con tus propios sentimientos. Cuando

uno está furioso con alguien cercano, descargar tu rabia en una página en blanco, en la intimidad, propicia que encuentres soluciones racionales antes que encararte a él con una explosión de ira que se produciría de no haberlo hecho cuando te encararas con él.

- **Organizando tu vida:** acostumbrándote a escribir regularmente sobre tus problemas o preocupaciones desarrollarás de modo automático una notable capacidad organizacional para establecer prioridades. Tus necesidades y objetivos, tanto personales como profesionales, serán más fáciles de lograr una vez plasmados por escrito.
- **Diario de la «suerte»:** en ese diario es muy conveniente no olvidar escribir los acontecimientos positivos que te suceden, y que la gente, por lo general, atribuye a la «suerte», cuando, en realidad, es el producto de nuestras acciones (Ver el capítulo «Los conseguidores: ¿existe la personalidad con buena suerte?») para recordarte a ti mismo lo afortunado que eres. Inténtalo hacer a diario.

Alternativa al diván

¿Quién no ha sentido alguna vez la imperiosa necesidad de plasmar en un papel algún sentimiento fuerte que le golpea? Tal vez una angustia, una pena o una alegría. Quizá alguna gran duda. O una reflexión sobre la orientación o el sentido de su existencia. O sobre cualquier otro conflicto. Ante estas inquietudes, escribir un diario íntimo es, pues, un excelente antídoto para evitar que le traten a uno como un electrodoméstico. Porque cuando alguien se angustia con un problema, su familia intenta convencerlo para que visite al psicólogo. Espera que éste, como cualquier servicio técnico, ¡averigüe si ha perdido algún tornillo o hay que apretarle los que están sueltos!

Aparte del psicólogo, llevar un diario es casi la única herramienta de la que hoy en día puede servirse la gente para hacer tangible la parte más elusiva y subjetiva de ella misma. Invita a sumergirse en esas corrientes subterráneas —casi inconscientes— para descubrir nuevas expresiones del psiquismo. Sutiles señales que no sólo pueden hacer más amables las relaciones con los demás, sino dar significado a sus vidas. Y sacarlas de la pobreza. Porque la pobreza no es únicamente carencia de dinero. También es la carencia de conocerse, de crecer, de potenciar la personalidad y hasta la de encontrar la posibilidad de autocurarse. No hay que conformarse con sucedáneos terapéuticos como el de aquel ingenuo paciente que afirmaba: «A mí me atiende el mejor de los médicos: ¡si no puede curarte retoca las radiografías!».

¿Qué es un diario? ¿Una «contabilidad emocional»?
Para escribir un diario personal no se necesita ser redactor jefe. Lo único que se precisa es vivir, que la biografía de uno no sea de esas que caben en el reverso de un sello de correos. Y, cómo no, disponer de lápiz y papel. El diario no es un método divagador. Ni analítico. Tampoco es una novela que ha de terminar con un

desenlace o «mensaje». Ni mucho menos una autobiografía (ya se sabe: «Aquel que corrige todos sus errores es que, probablemente, está escribiendo su autobiografía»). En palabras de un poeta, el diario es una especie de «contabilidad emocional». Pero, en realidad, su elaboración no tiene reglas. En un diario cabe todo: reflexiones, cartas, apuntes, frases, relatos, aforismos, confesiones, artículos... Cada uno se lo hace a su medida. Libremente. Sin miedo a las incoherencias. Ni a las faltas de ortografía. Ni a las críticas ajenas. ¡Nadie ha de calificarlo ni dejar a su autor sin postre!

¿Para qué sirve un diario?

El ejercicio mental de escribir un diario personal es una invitación a entrar en un mundo desconocido: ¡el nuestro! Explorar a través de él la memoria, la imaginación, los sentimientos, las emociones, los rasgos de personalidad y los problemas, en general ofrece grandes ventajas terapéuticas y sociales. En primer lugar, un diarista puede obtener la catarsis por medio de la escritura íntima. El momento de evocar una emoción reprimida o un conflicto no resuelto y revivirlo serenamente supone, en efecto, una liberación de ese elemento perturbador de su psiquismo. Porque para el escritor del diario íntimo los hechos ocurren dos veces: cuando se producen y cuando los rememora escribiendo. La descarga emocional puede llegar a ser tan efectiva que los cultivadores de este género podrían servir de ejemplo a más de un psicólogo. Especialmente, a los psicólogos que usan en su publicidad mensajes de esta transparencia: «Si tiene problemas, venga y cuéntemelos; si no los tiene, ¡venga igual y dígame cómo lo hace!».

Por otro lado, el diario ayuda a la gente a encontrar la intimidad, consigo misma y con los otros. La falta de intimidad con uno mismo y con los demás es lo que ha creado la soledad en el mundo. Casi nadie habla de su vida interior. Sólo de las últimas ofertas de El Corte Inglés. Antes lo tabú era el sexo; hoy, los sentimientos. En un angustiante mundo de prisas, el diario tiene la facultad de detener el tiempo. Así, uno puede vivir varias veces los momentos que más le interesan. Analizar las decisiones que toma y el porqué cuando no las toma, lo que siente y cómo lo siente. La importancia del diálogo con uno mismo a través de un diario personal estriba en que te puede ayudar no sólo a conocerte mejor, sino a llegar a ser lo que «realmente eres» y no lo sabes: ¿un líder?, ¿un conciliador?, ¿un artista?, ¿un pensador?

Quien no sabe adónde va, acaba en otra parte...

Otra de las razones del interés por llevar diarios personales es que mucha gente se siente empobrecida, desubicada, sola... y percibe su existencia desprovista de sentido. Con el diario encuentra respuesta a preguntas como: «¿Dónde estoy ahora en mi vida?», «¿Qué espero de ella?», «¿Hacia adónde va?» o «¿Cómo soy yo realmente?». Cuando meditamos acerca de las sensaciones, los recuerdos y las ideas, entramos en otras dimensiones psicológicas. Nos sorprenden nuevas intuiciones sobre el más cautivante de los misterios: nuestra personalidad y nuestra relación con el mundo que nos rodea. Es un hecho que ocurre y, cuando se da, nuestra vida cambia. ¡Se convierte en una obra de arte! Pero hay que huir del exhibicionismo. ¡No puede pretenderse que, por el mero hecho de haber descubierto que no somos tan horrorosos como en la foto del pasaporte, nos aplaudan por la calle o nos echen confeti!

Sin embargo, hay personas que, por creerse importantes, escriben su diario privado pensando en el público. Es decir, proyectan publicarlo. Hay que desconfiar del valor terapéutico de una fórmula que, por lo general, adolece de insinceridad. Su literatura es a menudo tan excitante como una dosis de bicarbonato. Por ejemplo: enumeran la gente vip con la que se duchan o almuerzan. En el otro extremo, hay personas cuyos mensajes más transcendentes se refieren a «Comprar leche y huevos», «Llamar al electricista» o «Lavarme el pelo». ¡Confunden el diario con la agenda! Se trata de ese tipo de sujetos que para colocarse unas pantuflas necesitan leer el manual de instrucciones: «Poner primero los pies...».

Malos ejemplos aparte, es peligroso no asomarse al interior. Cualquier momento es bueno para empezar a escribir un diario. Nunca es tarde. Si tienes un problema ¿a qué esperas? Y, si no lo tienes, tanto mejor. Con el diario recuperamos la intimidad. Conquistamos la libertad. Potenciamos la creatividad. Desarrollamos la inteligencia. Mejoramos la personalidad. Elevamos la autoestima. Alcanzamos la comprensión psicológica de algunos fenómenos que nos son elusivos en la vida cotidiana. Ejercitamos la terapia de robarle vida a la muerte. Y, con un poco de suerte, hasta descubrimos qué pintamos en la vida, aparte de la barandilla de la terraza. Escribir es tan fascinante y necesario que es harto comprensiva la duda que formulara la entrañable periodista y escritora Rosa Montero: «¡Me pregunto cómo la gente se las arregla sin escribir!».

En caso de enfermedad

Escribir un diario no sólo es útil para las personas que desean entender o mejorar su personalidad o que sufren problemas emocionales o sentimentales. También es una excelente alternativa para quien quiere mejorar su estado de salud y calidad de vida. La terapia de la escritura está especialmente indicada para aquellos aquejados de alguna enfermedad crónica y que les gustaría comentarla con otras personas, pero se inhiben o conocen la escasa receptividad de sus posibles interlocutores. Escribir quince o veinte minutos al día, tres veces por semana, acerca de las sensaciones que te produce tu enfermedad, puede lograr reducir considerablemente y en poco tiempo la angustia que sientes. Así lo han demostrado distintas investigaciones realizadas en universidades estadounidenses.

Los efectos de este saludable ejercicio «literario» tienen su explicación: al revivir una experiencia personal estresante a través de la escritura, los pacientes experimentan un importante desequilibrio emocional. Sin embargo, después de escribir sus vivencias en un papel, se ha observado en ellos un cambio positivo en el funcionamiento de su sistema inmunológico. Aunque, hoy por hoy, aún se desconoce de forma precisa el desencadenante de esta reacción, esta terapia resulta, al menos, una buena alternativa a otras medicamentosas. Parte de la curación se basa en escribir de la enfermedad sin miedo.

El lenguaje es capaz de incrementar o reducir la percepción que hasta ese momento podamos tener de una determinada situación. Es decir, las palabras que elegimos para describir lo que sentimos pueden desviar nuestro estado de ánimo en una dirección distinta a la que tomaría si dejáramos de expresar por escrito lo que nos pasa. Escribir es, o debería ser, el primer paso para aquellas personas que atraviesan problemas emocionales o físicos. Podrían empezar a ayudarse a sí mismas con sólo poner por escrito sus conflictos. No todo el mundo tiene un amigo emocionalmente equilibrado colgado siempre de su brazo susurrándole al oído, como un ángel, cómo reaccionar en todas y cada una de las circunstancias personales por las que uno pasa en la vida. Escribir es, en suma, sentirse acompañado, desahogarse, ser libre, ¡vivir!

**CLAVES BÁSICAS PARA INICIARSE
EN «TERAPIA DE LA ESCRITURA»**

- **Empieza ¡ya!:** llevar un diario es, ante todo, un ejercicio de libertad creadora. Algunas personas eligen un elegante cuaderno de piel con sus iniciales en oro. Otras se sienten más cómodas escribiendo en un simple bloc de colegial o una sencilla libreta. Y, ahora, hasta las hay que registran sus pensamientos en un ordenador personal. Cualquier soporte es válido. Pero empieza ¡ya!

- **Ubícate:** antes de comenzar a escribir en tu diario aíslate y tranquilízate. Cierra los ojos y respira profundamente. Esto te permitirá concentrarte, clarificar tu mente y facilitar la transición de la realidad a la introspección o la contemplación. Puedes dedicarle quince, veinte o treinta minutos. Tampoco es preciso escribir todos los días, sino sólo cuando sientas necesidad de ello.

- **¿Qué llama tu atención?:** existen diversas técnicas para escribir un diario. Una de las más sencillas consiste en elegir un tema, una situación, una pregunta o una frase que tú has dicho o que te han dicho y ha atraído tu atención. Por ejemplo, «¿Por qué me siento enojado?», «¿Qué es lo más importante para mí en la vida?» o «¿Qué estoy sintiendo en estos momentos?» pueden ser preguntas útiles para superar el miedo a la hoja en blanco. A partir de ahí, tu escritura se volverá más fluida a medida que te concentres para expresar lo que sientes sobre ti mismo o los demás.

- **Carta sin destino:** otra táctica es la de creer que estás escribiendo una carta a alguien que te gusta —o te disgusta—. La intimidad y la seguridad de tu diario posibilita escribir cosas que nunca dirías a esa persona. Este sistema proporciona una catarsis. Con ella se liberan sentimientos hostiles que son dolorosos y que no es conveniente enterrar, y que podrían arruinar una relación si se expresaran en voz alta. La «carta» no enviada clarifica tus sentimientos, especialmente, si tus pensamientos son confusos o complejos. Esta técnica permite resolver conflictos diciendo la verdad a alguien sin que realmente esté contigo. A veces, las únicas cosas que merecen que se hable sobre ellas ¡son precisamente aquellas sobre las que no podemos hablar!

- **Crea diálogos imaginarios:** otra forma de expresar sentimientos profundos es escribir sobre ellos imaginando que los dice otra persona. Un diálogo imaginario promueve empatía y creatividad. O describe tus experiencias más agradables e intensas tratando de reproducir las reacciones que sentiste en aquel momento. Cualquier fórmula es válida si te ayuda a comprenderte mejor y a tomar decisiones. No puedes actuar como aquel que dice: «Tengo que darme prisa. El autobús va a partir y no sé adónde voy ni para qué».

- **Escríbelo todo:** sentimientos acerca de tus miedos, preocupaciones, angustias, quejas... Examina cómo cambian estas emociones con el tiempo, para descubrir qué anhelos ocultos estás expresando inconscientemente. Pocos somos tan monolíticos como para no mostrar conflictos internos. Todas estas inquietudes serán más potentes si se reflejan en un papel que si permanecen en tu mente. Y, muy especialmente, escribe sobre todas aquellas situaciones en las cuales te has comportado falsamente, sobre lo que tu mente te decía en ese momento que fingías para justificar tu actitud, lo que sentías en tu interior y el significado que tenía esa energía malgastada. Con este ejercicio introspectivo encontrarás tu verdadera voz interior, tu auténtica personalidad.

¿Por qué somos como somos?

Aunque las personas poseen determinados rasgos de personalidad que las definen como individuos, su conducta puede ser a veces tan inconstante y mudable como una veleta. Su comportamiento en la vida está en función de las diferentes situaciones sociales en las que participan y en las que desarrollan, en cada caso, un distinto «rol de identidad» o imagen de sí mismas. Tú, probablemente, seas consciente de cómo cambia tu propia forma de actuar, en función de si estás con tu jefe, la familia, los amigos o con unos desconocidos en el bar de la esquina de tu casa. Posees la capacidad de adaptar tu personalidad para formar identidades específicas que te permitan responder a las expectativas de cada papel que representas (esto no descarta que otras gentes sean capaces de expresar su personalidad de modo más estable, con independencia de la situación por la que pasen).

Y es que, de la misma forma como los actores profesionales preparan sus interpretaciones, también cualquier persona aprende a desempeñar diferentes papeles en su vida cotidiana. Se puede ser un empleado modelo o un jefe autoritario. O un amigo fiel. O un insociable vecino. O un padre tirano. O un tierno amante. O representar otros muchos caracteres. Y, como los actores, ¡no dejar de ser honestos hipócritas!

Y es que meterse en cada uno de estos roles requiere a menudo dotes de verdadero actor. Dependiendo de la situación o de la persona con la que se interactúa, se puede incluso cambiar de voz (desde una espontánea a otra sumisa o dominante), adaptar el vocabulario (cuidar el lenguaje o soltar los tacos habituales) o alterar los gestos (¿quién no reprime sus ansias de hurgarse la nariz o rascarse ardorosamente la cabeza en un cóctel diplomático?).

Estos juegos son emocionalmente estimulantes. Cada uno de ellos es una pequeña gran comedia que proporciona la oportunidad de interpretar distintos papeles, como en el teatro. Aunque, desengáñate, nadie percibe honorarios por ello, por muy histriónico que sea. Sin embargo, estos cambios de «carácter» o «personalidad» nos capacitan para relacionarnos con los demás sin que se nos vea tan ansiosos o vulnerables como seríamos si mostrásemos nuestro verdadero yo. Se cumple aquí una maquiavélica predicción: «¡Todos ven lo que aparentas; pocos advierten lo que eres!».

Y tú, ¿a qué juegas?

Un sistema para ver las diferentes maneras en que la gente interactúa e influye en cada una de las conductas de los demás es el conocido como análisis transaccional (AT). Este método explica de forma integral la conducta del ser humano. Así, la personalidad se compone de tres estados básicos: padre, adulto y niño, que permiten actuar a las personas de uno u otro modo, según las circunstancias o la personalidad de sus interlocutores. El papel de padre es juzgador y moralista; el de adulto, racional y adaptativo, mientras que el de niño es, obviamente, un estado irracional. Está comprobado que todos jugamos de continuo —aunque no simultáneamente— con esos tres estados. Cada uno de ellos es una manifestación del yo. Y de las tres formas puede reaccionar una persona ante una situación concreta. Depende del estado que más predomine en su personalidad. El siguiente ejemplo ilustra cómo reaccionaría un ejecutivo frente a su ambición personal, según el estado que le domine: padre («Debo ser presidente»), adulto («Yo soy yo y tú eres tú») y niño («Me moriría si no pudiera ser presidente»). Tener una personalidad equilibrada consiste en no confundir los papeles; esto es, no jugar con el Scalextric en tu trabajo, ni transmitirle información privilegiada a tu nieto de cinco años.

Para comprender la compleja estructura del AT, es indispensable familiarizarse con los conceptos de «padre», «adulto» y «niño». El de «padre» contiene valores que fueron aprendidos de los progenitores, abuelos y otras personas que influyeron en la infancia. Cuando se actúa bajo este último estado, no se razona. Se actúa así, porque «Así me lo enseñaron». O «Porque lo digo yo», sin reflexionar si son actitudes válidas hoy, aunque hubieran podido serlo en el pasado. Se manejan expresiones como «Esto es bueno» o «Esto es malo», «Se debe hacer» o «No se debe hacer». El «padre» es una parte importante de la personalidad. Contiene conceptos morales y culturales transmitidos de generación en generación. Ya se sabe que, el momento más apropiado para influir en el carácter de un niño es ¡cien años antes de que nazca!

El estado de «adulto», en cambio, se forma con información de fuentes externas e internas. Usa esta información para elaborar juicios y calcular sus probabilidades. Incorpora y procesa todos esos datos sin sentir emociones. Razona y saca conclusiones como si fuera un ordenador. Tolera la espera, la postergación y la frustración. La conducta del «yo adulto» varía según las circunstancias del momento y su conveniencia. Sus expresiones más corrientes son «De acuerdo», «Yo opino que...» y «Creo que...». Es práctico y lógico. Nunca pide que le oriente a uno que está perdido.

El estado de «niño» siente emociones auténticas, que nacen con la vida de la persona. Busca las experiencias placenteras y evita el dolor. Usa la imaginación y el pensamiento mágico. No tolera la espera, la postergación y la frustración. Cuando un individuo actúa bajo este estado, se muestra exigente, violento, sumiso, lloriqueante, gritón, miedoso, caprichoso e irritable. Es decir, siempre igual a las pautas que mostraba cuando era realmente un niño. Sus reacciones suelen ser: «¡Esto no puede ser!», «Lo quiero ya» o «La culpa es tuya». El «niño» es la parte más importante de nuestra personalidad. En ella se concentra la emoción, la creatividad y la energía. Y, muy especialmente, la capacidad de gozar de la vida. Para ello, el «niño» hace como el trigésimo tercer presidente de Estados Unidos, Harry S. Truman, que tenía sobre su despacho un cartel que decía: «Mi responsabilidad termina aquí».

Conocer cómo son y actúan estas tres partes de nuestra personalidad es el primer paso para conseguir el equilibrio y la convivencia armónica entre ellas. Imaginemos que un ejecutivo al que le gusta beber acude a una fiesta. Su parte de «niño» deseará seguir bebiendo porque el alcohol le hace sentir bien. Pero su parte de «padre» le alertará sobre lo nocivo que es beber, mientras que su parte de «adulto» le aconsejará que no debe seguir bebiendo, porque al día siguiente ha de ir a trabajar temprano y ya ha bebido lo suficiente. Y, además, no quiere descontrolarse y hacer el ridículo. Éste es un ejemplo de cómo pueden actuar los tres estados simultáneamente equilibrando el disfrute con la responsabilidad. En lenguaje coloquial, diríamos que es una reacción con tanto sentido común como la respuesta que dio un *cowboy* cuando alguien le preguntó: «¿Por qué usa una sola espuela?». «Porque imagino —contestó— que cuando un costado del caballo se pone a correr, el otro lado decidirá acompañarle». Sin embargo, no siempre «padre», «adulto» y «niño» actúan al mismo tiempo. No son estados puros. Hay gente que no tiene desarrollado alguno de ellos.

Es el caso, por ejemplo, de esas parejas formadas por un hombre y una mujer «incompletos» que, juntándose, se complementan uno al otro. Cuando a alguien le falta un estado, no es una persona independiente; necesita al otro para suplir el aspecto de su personalidad del que carece. Este fenómeno es aún bastante común en los matrimonios tradicionales: ella puede tener más latente al «niño», reclamando atenciones, y él actuar de «padre» y «adulto», protegiéndola y mimándola. Como es obvio, refleja un ejemplo bastante habitual, aunque, obviamente, puede darse perfectamente a la inversa. Pero no es deseable que exista ese desequilibrio en aras de tener una personalidad estable.

El AT sostiene que las personas se comunican entre sí por medio de transacciones, con el fin de conseguir las «caricias» básicas para vivir. Pero no se trata de la caricia convencional. La teoría postula que el concepto comprende mucho más: todo lo que implique reconocimiento de la otra persona, mediante el cultivo de una comunicación que permita sentir esa posición convivencial del «Yo estoy bien, tú estás bien», frente a otras en que uno de los dos individuos —o ambos— se encuentran mal. Una transacción simple podría ser la siguiente. Ante la petición «¿Me llevas al aeropuerto?», la respuesta «Si puedo, lo haré con mucho gusto» es la adecuada (la comunicación entre esas dos personas puede continuar indefinidamente). «¿Es que están de huelga los taxis?» o «¡Eres un caradura!» son otras posibilidades de respuesta a la misma pregunta, pero que cortan la comunicación. No responden a la petición, sino que ésta se aprovecha para hacer una crítica. En este caso, la transacción es tan útil como tratar de abrir un paraguas bajo el agua.

Cuida de que los juegos mal intencionados no perturben tu personalidad
Estos juegos resultan familiares porque casi todos los practicamos desde niños. Por lo general, no están de-

terminados a priori, esto es, a propósito, sino que forman parte de la persona, como cualquier otro reflejo. Seguro que tú los representas y es deseable que así sea porque permiten tener una personalidad socialmente equilibrada. No obstante, pueden tener su lado perverso. Ocurre cuando se produce lo que se denomina «transacciones cruzadas». Es decir, cuando alguien que se supone debería establecer una comunicación de «adulto-adulto», adopta un rol diferente. Por ejemplo, el de «niño», para que el otro se sienta obligado a desempeñar el papel de «padre». Si la asunción de roles se hace conscientemente, como estratagema para conseguir algo de los demás, puede calificarse como manipulación. Y si la víctima no se percata del juego, cobra todo su sentido el refrán estadounidense que afirma: «¡Quien consigue la leche gratis no tiene ninguna prisa en comprar la vaca!».

Los psicólogos se refieren a estos patrones de conducta como «los juegos a los que la gente juega». Con ellos, las personas intentan llamar la atención, buscar intimidad u obtener la reacción deseada en los demás, incluso negativa. Una vez entendidas las razones que existen detrás de estas conductas negativas, pueden adoptarse medidas para evitar caer en la trampa de juegos manipuladores. Muchas parejas, por ejemplo, tienen problemas en su relación provocados —consciente o inconscientemente— por el juego de los roles. En estos casos, es importante examinar los papeles que cada uno adopta frente al otro (niño o padre) y, una vez descubiertos, aprender a relacionarse en forma adulto-adulto. ¡El amor es ciego, pero la convivencia abre los ojos!

Conociendo al padre, adulto y niño que todos llevamos dentro podemos detectar, a través de las reacciones, quién de ellos actúa en un determinado momento, cómo actúa y por qué. Así, es posible que una persona pueda crecer internamente y superarse venciendo al padre crítico o controlando al niño rebelde que impide una buena comunicación con los demás. El AT propugna que nadie es superior. Lo que una persona pueda tener más que otra es información. Si ésta se transfiere, el individuo crece. En una sociedad tan enfermiza como la nuestra, este tipo de análisis puede ser útil a muchas personas para el desarrollo de su personalidad, incluso para ti, lector. Sin embargo, para averiguar si tú lo necesitas no hagas caso del método estadístico que aplican los detractores de este sistema: «Una de cada cuatro personas está mentalmente desequilibrada. Piensa en tus tres amigos más íntimos. Si ellos parecen estar bien, entonces eres tú el desequilibrado».

El AT es un sistema mucho más complejo. Cada uno de los estados padre, adulto y niño tiene tres subdivisiones que ayudan a comprender cómo evoluciona la personalidad. Porque cada estado, salvo el del niño, va enriqueciéndose a lo largo de su vida. No obstante, algunos psicólogos consideran el AT una versión moderna del psicoanálisis de Freud. Lo importante es saber que llevamos dentro tres tipos algo conflictivos que pueden enriquecernos la vida o arruinárnosla. Lo ideal es que los tres convivan en armonía y estén disponibles para comunicarnos con ellos cuando sea necesario, sin que ninguno nos abandone ni destaque sobre los demás. Quizá tú, porque nadie te los ha presentado, prefieras hablar con tus plantas. De acuerdo. Pero ¡no esperes de ellas más ayuda de la que te brinda tu psicoterapeuta!

> **CLAVES PARA EVITAR CAER ATRAPADO EN LOS JUEGOS DE LOS DEMÁS**
>
> - **¡Mira lo que me has hecho hacer!:** el «jugador» se siente frustrado y enojado por alguna razón (su jefe le ha reprendido, ha perdido dinero en bolsa...). Alguien interrumpe con una sugerencia la tarea que está realizando en ese momento y, justo entonces, comete un error, del que culpará al recién llegado. El «jugador» se siente justificado y se opone a reconocer el fallo como propio. Clave: No piques el anzuelo. Rehúsa hacer sugerencias a alguien que está irritado. O dile claramente: «¡No voy a pagar los platos rotos!».
> - **«Tú me pones furioso»** o **«Tú me haces enfadar»:** el enfado es una emoción que alguien elige tener, en vez de optar por cualquier otra reacción. Si el «jugador» fuera dueño de sus emociones, elegiría la que no le hace sentir mal. Clave: No te sientas culpable del enojo de nadie. Ni del de tus padres, ¡aunque te pidan la goma de borrar para eliminarte del testamento!
> - **¿Y tú qué opinas? Gracias, pero no estoy de acuerdo:** el manipulador se queja de un serio problema ante un grupo de amigos o colegas y rechaza cada solución que

éstos le sugieren, explicándoles por qué considera que no son válidas. El «jugador» adopta el papel de «niño» y obliga a los demás a asumir el de «padre». Ello le permite al «jugador» sentirse superior ante sus desacertados «salvadores». Clave: Reacciona con simpatía, no con consejos. Dile algo así como: «La gente que no puede resolver sus problemas no debería permitirse tenerlos».

4
DE LA PERSONALIDAD CREATIVA

La pasión por meter las narices...

¿Las páginas impares de los libros están a la derecha o a la izquierda? ¿En qué lado tienen los ojales las prendas de mujer? En un semáforo vertical ¿dónde se encuentra la luz roja, arriba o abajo? Todos los días vemos cosas en las que apenas nos fijamos. De todo el caudal de impresiones que nuestro cerebro recibe, éste sólo se concentra en lo relevante y omite los detalles. Pero ¿quién puede decidir qué información puede resultar a la postre *realmente* importante?

Aunque la curiosidad nunca ha gozado de buena reputación, es una condición que experimentan casi todos los seres humanos. Afortunadamente, hoy ya no está considerada un vicio, sino una virtud, y también representa un importante rasgo de personalidad que cabe potenciar. Constituye, en definitiva, una característica de la manera de ser de las personas, aunque no todas la posean con la misma intensidad. Ser curioso y tener los ojos bien abiertos puede brindarnos información útil para nuestro propio conocimiento y para aumentar la capacidad de resolver conflictos o extraer relevantes conclusiones para la vida personal o profesional. Ya decía Gustave Flaubert que «basta con mirar intensamente una cosa para que se vuelva interesante».

La curiosidad es, en suma, la causa principal de la motivación interna y un importante factor para ampliar el desarrollo de la personalidad. Psicólogos tan notables como David Beswick, de la Universidad de Melbourne, se sorprenden de que sea una habilidad que haya recibido tan poca atención en el ámbito del estudio de la personalidad y de la psicología en general. Si tenemos en cuenta que la curiosidad, entendida como el deseo de saber y aprender, debería de ser un concepto central en la educación. La personalidad inteligente busca el conocimiento; la necia, cree que ya lo sabe todo.

Jacques Tati, el célebre actor y director de cine francés, contaba una anécdota que refleja hasta qué punto el ser humano está perdiendo la facultad de observar. Un grupo de importantes hombres de negocios le invitó a almorzar en un restaurante de Nueva York. Sus anfitriones pidieron un buen vino y le insistieron en que, como francés, fuera él quien lo probara. Cuando el camarero escanció un poco de vino en su copa, sus acompañantes ya se habían entregado a la conversación y ninguno de ellos prestó atención al ritual. Así pues, Tati, en vez de tomar la copa de vino, tomó la de agua, paladeó el líquido elemento y lo declaró excelente. ¡Ninguno de los comensales advirtió la broma!

Nadie es suficientemente joven para saberlo todo

Las personas suelen vivir hoy con tantas prisas, preocupaciones y obsesiones que apenas prestan atención a lo que ocurre a su alrededor. Por lo general, sólo están atentas a observarse a sí mismas. No son curiosas. Miran sin ver. Oyen sin escuchar. Comen sin saborear. Tocan sin sentir. Y hablan sin pensar. Se privan así de multitud de situaciones y detalles aparentemente insignificantes, que no sólo pueden ofrecer el espectáculo más interesante del mundo sin necesidad de pagar entrada, sino que se privan de una información que puede resultarles valiosísima en muchos casos. Las personas que no cultivan la curiosidad pueden acabar como las gallinas: después de tantos años de tráfico automovilístico por la carretera ¡aún no han aprendido a cruzarla!

Es cierto que la curiosidad siempre ha tenido mala reputación. Porque ¿quién es el curioso? Plutarco lo definía hace siglos como alguien aquejado de una pasión insana y perniciosa, que consiste en la irresistible atracción por todo lo prohibido. Al curioso —según el filósofo—, sólo le interesa lo secreto, lo confidencial y lo morboso. Se ocupa en averiguar lo que otros dicen o hacen. Su vicio le lleva, pues, a inquirir lo que no debe importarle. Le interesan las gentes de los lugares —públicos y privados— donde la cháchara y la chismografía barnizan de inmundicia el pasado de cualquiera. Al curioso le apasiona ver la vida sólo a través del ojo de la cerradura, y, si es posible, ¡que ésta sea del baño o dormitorio!

La curiosidad como semilla del conocimiento

Sin embargo, hoy, afortunadamente, la noción de curiosidad ha cambiado. Ya no está considerada un defecto, sino una capacidad intelectual. Para una mente con auténtico poder de observación —como la de un escritor, científico, investigador o alguien interesado en profundizar en esta facultad— hasta los datos más triviales pueden tener una vital importancia. Pero la capacidad de observar, curiosear o meter las narices en todas partes con fines pedagógicos, sociales o psicológicos no debería ser exclusiva de algunas profesiones, sino que habría de cultivarla cualquier persona que quiera mejorar también su personalidad. El ser humano que no es razonablemente curioso: es como un automóvil en el que sólo se emplea la primera marcha.

Por lo tanto, el curioso no tiene ya nada que ver con el chismoso que nos describe Plutarco. Ese tipo libidinoso que le pregunta al vigilante del zoo «¿Ese chimpacé es macho o hembra?» puede obtener respuestas como ésta: «Usted no se meta en lo que no le importa. Eso sólo le interesa al otro chimpancé». Mientras lo conocido puede atraer o repeler, lo desconocido, lo oculto, lo que está por debajo de la superficie siempre ha atraído a los seres humanos. Aunque muchos de ellos se hayan olvidado de mantener vivo ese atavismo. Se trata de una tendencia innata hacia el descubrimiento, cuyo motor impulsor no puede ser otro que la curiosidad. Y esto es así desde que Adán quiso averiguar qué escondía Eva tras su hoja de parra. En nuestros tiempos, asistimos, pues, a una rehabilitación de la curiosidad, como ejercicio de la legítima sed de conocimiento. Y, como tal, no puede detenerse ante ningún límite. La curiosidad es enemiga de las normas. Aborrece lo previsible. Hoy, muchos curiosos son, sin duda, adictos navegantes de Internet. Voltaire decía que «La curiosidad es la característica de un ser finito con exigencias infinitas».

Una de las últimas y más importantes revalorizaciones de la curiosidad procede del psicoanálisis. Freud sugiere: «La curiosidad sexual, activa desde la infancia, es lo que da lugar en seguida al deseo de saber». Sea lo que sea. A Colón su curiosidad le llevó a descubrir un nuevo continente. Otros, lo redescubrieron a él como detergente. La curiosidad es una pasión indispensable que hay que reivindicar desde el primer momento. Como hizo Adán con la hoja de parra de Eva. Pero «sólo después de haber conocido la superficie de las cosas, uno puede animarse a buscar lo que hay debajo».

CLAVES PARA RECUPERAR LA CURIOSIDAD

- **¿Por qué?:** como los niños, todos somos potencial e implacablemente curiosos. Leonardo da Vinci nunca dejó de formularse preguntas. Este deseo de buscar el porqué y el cómo le permitió hacer grandes descubrimientos. Pregúntate por el origen de cualquier cosa que te llame la atención (un símbolo, una frase, un objeto...). Pero, por favor, no te confundas de fuente de conocimiento. ¡Esas respuestas no las encontrarás en las Páginas Amarillas!

- **Interésate por lo confuso:** no rehúyas las situaciones de incertidumbre y trata de involucrarte en ellas buscando información complementaria que te ayude a comprender lo que te resulte extraño, novedoso o confuso. Cuanta más información poseas sobre cualquier fenómeno, más posibilidades tienes de aplicar soluciones a futuros conflictos que se te presenten. No te importe encontrarte con mensajes tan confusos como el que presentaba el cartel de un laberinto: PROHIBIDO EQUIVOCARSE DE CAMINO.
- **Regala idóneamente:** cuando tengas que hacer un regalo esfuérzate en conocer los gustos, detalles y deseos más ocultos del receptor. Tus dotes de observación y sensibilidad agrandarán tu personalidad a los ojos del destinatario. Emula a Sherlock Holmes. Y, si se trata de un niño ¡piensa en algo que pueda destruir! (él aún no tiene anestesiada su ansia de curiosear).
- **Despierta tu pasión:** la razón de que no seas más curioso puede provenir de tener hipotecado tu interior por excesivas distracciones externas, como el abuso de la televisión. La permanente estimulación exterior apaga tu sed de conocimiento. ¡Equivócate de vez en cuando y prende un libro en vez del televisor!
- **Rompe la monotonía:** estar inmerso en la rutina mata la curiosidad. Una buena regla para la vida es no ser demasiado adicto a una sola ocupación. En la medida que te sea posible, cambia algunos hábitos laborales y familiares. Eso puede desorganizarte la vida, pero para despertar tu curiosidad ¡es fantástico!

La curiosidad profunda es un proceso de creación y resolución de conflictos. No intentamos encajar las cosas que nos llaman la atención a través de la asimilación o acomodación (racionalizar lo novedoso), sino que pretendemos indagar la mejor manera de resolver el conflicto a fin de integrar la nueva información en el conocimiento ya adquirido (nuestro mapa cognitivo). Sin embargo, la curiosidad, llevada al ámbito personal, es también muy eficaz para mejorar las relaciones humanas y enriquecer la personalidad. Y una de las mejores fórmulas de satisfacerla es saber preguntar.

El arte de preguntar sin vergüenza

«La pregunta es la más creativa de las conductas humanas.» Así opina Alex Faickney Osborn, creador del *brainstorming*, una persona que tiene el hábito de interrogar.

Saber preguntar correctamente no sólo puede ayudarte a resolver problemas, a tomar decisiones, a conseguir información, a comprender a los demás, sino también a enriquecer tu personalidad y hasta a cambiar tu vida. Como decía Rabindranath Tagore, «Hacer preguntas es prueba de que se piensa». Saber preguntar es, pues, una muestra de inteligencia que, además, te faculta para controlar las conversaciones con los demás.

Y es que cada vez que abrimos la boca para hablar tenemos dos opciones: contar algo o formular una pregunta. Elegir la primera alternativa puede satisfacer nuestro ego, pero a menudo es la menos práctica. Porque cuando estás hablando tú no aprendes nada: sólo repites lo que ya sabes. La única forma de aprender lo que no sabes o lo que tu interlocutor necesita saber es haciendo preguntas, y, obviamente, escuchando las respuestas. Hoy en día, «el que hace las preguntas es más importante que el que sabe las respuestas».

Por otro lado, las personas que plantean interrogantes en el ámbito familiar y laboral o con los amigos proyectan, además, una mejor imagen de su personalidad. Más saludable. Más humana. Son las que dominan el arte de preguntar. En este sentido, la comunicadora estadounidense Dorothy Leeds profundiza sobre las enormes ventajas de aprender este arte, tanto para satisfacer la curiosidad como para adquirir conocimiento. Para tal aprendizaje es importante desterrar algunos malos hábitos. No sólo el más obvio, esto es, hacer preguntas negativas como «¿Por qué siempre me haces esto a mí?» (resulta difícil dar una respuesta positiva a esta clase de demandas, incluso te arriesgas a que te respondan: «¡Porque eres un estúpido!»). Así que ¡más vale un resbalón con el pie que con la lengua!

Preguntas abiertas y cerradas
Una premisa fundamental para conseguir buenos resultados en una conversación es evitar formular preguntas cerradas. Éstas son aquellas que pueden responderse con sólo una o dos palabras. Con la pregunta

«¿Has ido al cine este fin de semana?» sólo obtendrás un «sí» o un «no». En cambio, si planteas una pregunta abierta como «¿Qué has hecho este fin de semana?», la cantidad de información que puedes conseguir es incomparablemente mayor. Las preguntas abiertas pueden estimular, persuadir, resolver conflictos y generar diálogo y conocimiento. ¡Salvo que uno posea tal sobredosis de arrogancia que se las formule a sí mismo ante el espejo!

Por lo tanto, para lograr no sólo la información que necesitamos, sino también que la gente se abra al diálogo en cualquier evento social o reunión de amigos o de negocios, la clave es formular las preguntas correctamente. Los grandes iniciadores de conversación la conocen muy bien. Saber preguntar marca la diferencia entre conseguir lo que queremos o no. A un gran número de personas le cuesta mucho iniciar y mantener una conversación, especialmente con extraños. La empiezan con preguntas cerradas que no conducen a ninguna parte. Así, lo importante es formular preguntas abiertas para lograr información válida, provocar pensamientos críticos y orientar eficazmente la conversación. Lou Hotlz, entrenador de fútbol americano, expresa así de claro lo decisivo de hacer las preguntas abiertas: «Yo nunca he aprendido nada hablando. Yo sólo aprendo cuando pregunto».

Hay otras alternativas a algunas de las preguntas típicas con las que comúnmente la gente comienza la conversación, mucho más propensas a abrir el diálogo o la discusión. Veamos algunos ejemplos. No digas: «¿Qué calor hace, ¿no?». Mucho mejor: «Hace tanto calor últimamente que estoy pensando en instalar aire acondicionado en casa, ¿qué opinas de este sistema?». Tampoco es aconsejable plantear preguntas del tipo: «¿Has visto la última película de Tom Cruise?». Es preferible optar por: «¿Qué película has visto últimamente que te haya gustado?». Una persona estimulada a conversar puede no sólo darte el título de la película, sino permitirte seguir con otras preguntas como: «¿Qué es lo que más te gustó de ella?». En una fiesta, una manera de alimentar una conversación con la anfitriona o un invitado es abstenerse de preguntas tópicas y recurrir a interpelaciones más creativas: «¿Cuál es el mejor regalo que has recibido?» o «¿Cuál es tu más escandalosa fantasía para el año nuevo?». ¡La originalidad no consiste en decir cosas nuevas, sino en decirlas como si nunca hubiesen sido dichas por otro!

El arte de preguntar no se basa únicamente en hacer preguntas abiertas y evitar las cerradas. Consiste también en tener el tacto suficiente para interrogar en situaciones incómodas o conflictivas a tu pareja, a tus amigos o a tus hijos sin parecer intrusivo. Invitarlos a responder es estar abierto a una respuesta que tal vez no apruebes, te sorprenda o te disguste. Pero es una forma efectiva de indagar sobre los gustos, las impresiones o los problemas de los demás. «¿Qué te parece?», «¿Qué opinas sobre este asunto?» o «¿Por qué crees que es mejor como tú dices?» son ejemplos de preguntas que hacen sentir respetables y participativos a los demás. ¡Es mejor debatir un problema sin dictar sentencia que sentar sentencia sin debatirlo!

CLAVES PARA ENTENDER EL PODER DE PREGUNTAR

1. **Las preguntas requieren respuestas:** nadie, salvo que sea mudo o maleducado, dejará de responder a una pregunta correcta. ¡Es casi como un impulso reflejo!
2. **Las preguntas estimulan:** «Ningún problema puede resistirse a una persona que piensa». (Voltaire)
3. **Las preguntas proporcionan información valiosa:** hay sólo dos maneras de conseguir información: observando y leyendo, y formulando preguntas y escuchando las respuestas.
4. **Las preguntas te permiten controlar la conversación:** «Conquistar es fácil, controlar, no tanto». (Capitán Kirk, personaje de *Star Trek*)
5. **Las preguntas consiguen que la gente se abra:** el secreto para ganar amigos es plantear preguntas abiertas. Nada que ver con quien afirma: «Odio preguntar. ¡Dime lo que sabes!».
6. **Las preguntas requieren escuchar bien las respuestas:** «Todos quieren escuchar, pero nadie quiere dejar de hablar». (Dale Carnegie, empresario y escritor de libros de autoayuda)
7. **Las preguntas consiguen que la gente se persuada por sí misma:** «Cada experiencia en la vida nos da una lección. La cuestión no es si la lección fue dada, sino si fue aprendida». (Carly Fiorina, senadora republicana)

¡Libera el genio que llevas dentro!

«La imaginación es más importante que el conocimiento.» La frase de Albert Einstein resume lúcidamente cuál es la base de la creatividad. Es ésta una facultad necesaria en cualquier ámbito. No sólo en el científico o en el artístico. La creatividad es igualmente importante en el ámbito profesional o personal. Una persona creativa en su vida cotidiana incrementará de modo positivo su imagen. Su personalidad destacará sobre la de los que piensan rutinariamente, al ser capaz de dar soluciones creativas (y prácticas) a cualquier problema que se suscite en su entorno. La persona creativa suele elegir desde temprana edad el camino menos transitado, porque el trazado sólo conduce adonde fueron otros. Pero, lamentablemente, poca gente hace algo creativo después de los treinta y cinco años. Y la razón es porque poca gente hace algo creativo antes de esa edad.

Es un falso mito considerar que la creatividad es un don innato que sólo poseen algunos privilegiados. El ingenio está en el interior de todos nosotros. Lo que ocurre es que el estrés, la presión cotidiana, las normas, la lógica, la moral... la mentalidad rígida, en definitiva, lo bloquea y permanece aletargado. Únicamente los que son capaces de ser libres pueden pensar sin bloqueos ni inhibiciones. Pero la creatividad atrofiada no significa que no pueda ser recuperada (es cierto también que hace falta un mínimo nivel de inteligencia). El reto actual consiste en activar «estos músculos cerebrales dormidos» y empezar a vivir con una mentalidad de desarrollo y más desinhibida, esto es, liberarse de las certidumbres y los hábitos, rechazar todo lo que nos limite.

¿Ideas estúpidas? Sí, gracias
En este sentido, por ejemplo, ¿qué problema presentaría que cuchara y tenedor formaran una sola pieza, y que ésta se utilizara, según conveniencia, por uno u otro extremo? Tan acostumbrados estamos a ver las cosas parcialmente, con anteojeras, y pensar de modo rutinario, que resulta harto difícil que a alguien se le ocurra alguna innovación. Salvo si es una persona creativa. Pensar creativamente no es cuestión de saber más que los demás. Ni siquiera de poseer una inteligencia especial. Tampoco se trata de un fenómeno esotérico que requiera de un ejercicio de meditación trascendental por aquí y unas cartas del tarot por allá. Se trata, simplemente, de abrir nuestros ventanales mentales de par en par y considerar cualquier idea por estúpida que parezca. Como es sabido, ¡una idea es disparatada sólo hasta que triunfa!

La creatividad implica el descubrimiento de soluciones frescas para viejos o nuevos problemas. Esto es, la búsqueda de alternativas originales. El ensayista inglés de ascendencia galesa Charles Lamb ideó una novedosa forma de asar el cerdo: primero lo puso dentro de una casa y después la quemó, algo, sin duda, original y creativo. Aun así, el invento de Lamb no concuerda con el requerimiento estipulado por lo que se entiende como pensamiento creativo: el que las soluciones han de tener un valor práctico. ¡Es mejor ganar dinero vendiendo estiércol que perderlo vendiendo perfume!

Abandona la comodidad de pensar lógicamente
¿Cómo llega Lamb a este inaudito método de asar el cerdo? El pensamiento divergente (o creativo) es a menudo un misterio. Incluso para la gente que lo posee. Porque la forma más común de pensar es la lógica, lo que se ha descrito como pensamiento convergente. Éste es la capacidad de resolver problemas mediante rutinas mentales establecidas cuando todo el esfuerzo mental se orienta hacia una única respuesta correcta. Esta manera de razonar funciona, por ejemplo, cuando realizamos actividades manuales o respondemos a un test con varias opciones. Cuando hacemos frente a alguna emergencia muy conocida. O también cuando se nos reclama por enésima vez una deuda: ¡se nos ocurre en seguida la excusa más razonable para tranquilizar al acreedor!

En tales casos, encontramos soluciones lógicas porque hemos sido programados con normas tan inmutables como las de un conserje de Ministerio. No obstante, este modo de pensar no tiene nada que ver con la creatividad. Tiene el mismo defecto que la Historia: es poco original, ¡se repite siempre!

Sin embargo, el pensamiento divergente es la base de la creatividad. Significa la capacidad de generar varias posibles soluciones a un problema, en vez de apuntarse a una única solución. El pensamiento divergente responde al verdadero espíritu creativo. Originalidad, flexibilidad y espontaneidad son, entre otras, características que distinguen la creatividad de la lógica. Se nota en seguida quiénes las poseen. Tanto si se trata de improvisar un menú como de escribir una carta al presidente de Estados Unidos. Aplican su creatividad casi en todo lo que hacen. Sin consultar ningún manual. Si no la usaran constantemente es como si no sudaran: almacenarían veneno. Todas las actividades de la vida les brindan la oportunidad de pensar y vivir de manera creativa. Pongamos un ejemplo: imaginemos que la televisión quedase obsoleta por una variedad de tecnología de la información. ¿Qué posibles usos podrían encontrarse para todos esos millones y millones de televisores? La gente creativa podría responder con entusiasmo cosas como ésta: «Podrían emplearse para hacer lentes de contacto para gigantes». Las ideas, como las pulgas, saltan de una persona a otra. Pero no pican a todo el mundo.

Muchos de los genios creativos de la historia comparten una característica: la capacidad de excitar su imaginación. ¿Quién no se ha sentido fascinado por la creatividad de Lewis Carroll, el autor de *Alicia en el País de las Maravillas*? ¿Quién no se ha asombrado con la capacidad creativa de Leonardo da Vinci? ¿Y qué decir de la mente de Albert Einstein? Como se sabe, el cerebro está dividido en dos hemisferios, el derecho y el izquierdo. Éste es el que corresponde al pensamiento lógico, racional y lineal, mientras que el derecho es responsable de la parte más creativa, intuitiva y desordenada. Los genios antes citados empleaban los dos hemisferios para observar, pensar y razonar. También nosotros podemos recurrir a ambos hemisferios para tales fines. Sin embargo, por lo general, se utiliza más uno que el otro; así, generalmente, empleamos más el izquierdo —pensamos de forma rutinaria, racional, lineal, lo que nos proporciona comodidad— y con ello infrautilizamos gran parte de nuestro potencial creativo. La personalidad creativa, sin embargo, recurre, como lo hicieron Carroll, Da Vinci y Einstein, entre otros muchos, a usar ambas partes del cerebro, con lo que amplifica su visión del conocimiento. Es como si tuvieran un globo aerostático con el que pueden volar y tener una más amplia perspectiva del mundo. La personalidad creativa, además de poseer una visión global, puede profundizar en el misterio de la vida, formulándose interminablemente preguntas acerca del porqué de las cosas.

La creatividad es, pues, una manera abierta y libre de ejercitar la mente. Si quieres incorporarla a tu personalidad, rompe las barreras de la costumbre y de las convenciones. Derriba los muros compartimentados entre los que hemos almacenado en conserva nuestros conocimientos. Averigua si en tu forma de pensar predomina más el hemisferio derecho o el izquierdo, y decídete a recurrir con más frecuencia al que no empleas. Rehúye, en suma, de los patrones rígidos y busca lo nuevo. Lo arriesgado. Lo aún no ensayado. Todo lo contrario del pensamiento convergente, en virtud del cual, una vez hallada una posible solución, excluye a todas las demás. Este modo de razonar y los obstáculos culturales son un verdadero handicap para encontrar soluciones creativas.

Las ideas son como las flechas,
pero ¡has de tener un arco para lanzarlas!

Un excelente ejemplo del pensamiento divergente nos lo muestra el siguiente experimento —lo leí, hace muchos años, en una revista científica estadounidense—: en una habitación vacía, hay un tubo de acero empotrado verticalmente en el cemento del piso. Su diámetro es sólo un poco mayor que el de una pelota de ping-pong que está en su fondo. Varias personas, dotadas de distintos utensilios (cordón, alambre, martillo, cincel, lima, etcétera) deben sacarla sin dañar la pelota, el tubo o el piso. Si los experimentadores que han de enfrentarse al problema son lógicos, encontrarán alguna solución, como, por ejemplo, cortar el alambre en dos partes con la lima y aplanar los extremos para hacer unas pinzas largas y sacar la pelota. Es una solución lógica, aunque vulgar. Pero si entre esas personas hay alguien con pensamiento creativo puede proponer la forma más eficaz, rápida y original: orinar en el tubo hasta que la pelota salga a flote. ¿Por qué nunca podría ocurrírsele esta solución a gente no creativa? La respuesta es que un obstáculo cultural se lo impediría: ¡orinar es algo que sólo se hace en privado!

CLAVES PARA APRENDER A PENSAR CREATIVAMENTE

- **Proceso experimental:** consta de cuatro fases: a) *conexión*: estimula tu mente buscando similitudes y relaciones entre cosas que, aparentemente, no tienen nada que ver unas con otras. Por ejemplo, compara una ciudad con un bosque; b) *descubrimiento*: investiga y escarba profundamente en la conexión o asociación que has establecido; c) *invención*: crea algo significativo basado en tu descubrimiento; d) *aplicación*: usa tu invención para resolver un problema, cubrir una necesidad, enriquecer tu vida o mejorar el mundo que te rodea, ¡aunque te copien la idea los japoneses!
- **Cambia tus rutinas. Sal de tu «zona de comodidad»:** estar inmerso en una rutina es negativo para desarrollar la creatividad. Para inspirar tu mente en nuevas ideas, cambia a menudo haciendo cosas que habitualmente no haces (altera hábitos de ocio, de comida, de itinerario...). O manda un gracioso y erótico anónimo a la persona de la que estás enamorado en secreto y observa si hay reacciones. O, en vez de ver la televisión, dedícate una noche a reflexionar sobre las consecuencias de un hecho inimaginable. Como el que hace David Bunnell, editor de revistas residente en California, que lee libros al revés porque cree que le ayuda a conservar su agudeza mental. ¡Si buscas resultados diferentes, no hagas siempre lo mismo!
- **Practica el *kaizen*:** M. J. Ryan, autora del libro *This year I will* (Este año voy a...), recomienda practicar esta técnica japonesa que consiste en realizar mejoras diminutas, pero continuas. «Siempre que iniciamos un cambio, aunque sea positivo, activamos el miedo en nuestro sensible cerebro.»

Si el miedo es lo suficientemente grande, se desactivará la respuesta de «lucha o huye» y nos alejaremos de lo que estamos intentando hacer. Los pequeños pasos en el *kaizen* no despiertan ni la lucha ni la huida, sino que mantienen el cerebro pensando, lo cual nos permite acceder a la creatividad. Nada que ver con los pasos de un cachorro: todas sus patas están obligadas a seguir el mismo camino.

- **Escucha tus sueños:** los sueños pueden ser una rica fuente de ideas y estímulos. Trata de recordarlos y analizarlos. Ten a mano un cuaderno y un lápiz para anotarlos en cuanto despiertes (aunque contengan escenas que puedan herir la sensibilidad de los menores de noventa años). La cama —durmiendo o soñando— es uno de los lugares donde se generan ideas brillantes. La actividad neuronal en el proceso onírico es fascinante. Te puede convertir en un genio sin apenas esfuerzo. Pobre no es la persona que carece de dinero, sino ¡aquélla que nunca sueña!
- **Desarrolla tu receptividad:** la vida está llena de buenas inspiraciones. Si desarrollas tu receptividad, tu confianza en que éstas pueden infundir o hacer nacer en el ánimo o la mente afectos, ideas, designios..., te percatarás de inmediato de cuándo surgen. Aunque no hay ninguna garantía de que aquéllas aparezcan, si piensas que las posibilidades son remotas, casi imposibles, te cerrarás a ellas. Pero si confías en que puedes sentirte inspirado, te sentirás más creativo y hasta puede que, inconscientemente, propicies que acudan a tu mente.
- **Practica la meditación:** los ejercicios de meditación estimulan los procesos creativos e impulsan los recursos

mentales para conseguir una mayor autoconciencia, mejor resolución de los problemas y una mejor salud mental. Meditar es la valentía de estar solo, en silencio, encontrarse en un espacio puro. La mente está libre en ese momento y tú no puedes controlarla. Practicando este ejercicio de introspección, puede que aparezca lo más inesperado. Pueden surgirte con más facilidad ideas brillantes que si sientes continuamente los estímulos de tu entorno. Si no puedes solucionar un problema ¡es porque sigues las reglas del juego!

5
DE LA PERSONALIDAD MÁGICA

**Los conseguidores:
¿existe la personalidad con buena suerte?**

¿Quién no ha visto personas a las que todo les va absolutamente bien en la vida y otras a las que todo les va rematadamente mal? ¿Unas que sufren de constantes desgracias y otras a las que siempre les sonríe todo? Las que consiguen excelentes resultados en sus profesiones y negocios, así como en el terreno afectivo y en la vida en general, llaman poderosamente la atención de la gente que las rodea. Hasta el punto de ser catalogadas como «personas con suerte», con «buena estrella»... en el fondo, son admiradas por creer que poseen una «personalidad mágica», un don misterioso del que sus admiradores parecen carecer. ¿Ganadores innatos? ¿Perdedores innatos? Nada de eso. El éxito de quienes gozan de prestigio en su profesión, poseen una salud de hierro, ganan mucho dinero, disfrutan de un amor envidiable, etcétera, no tiene nada de misterioso ni que ver con la suerte, porque no existen la mala ni la buena suerte. Eso sí, creer firmemente en ellas impide evolucionar hacia una personalidad equilibrada y desarrollar las propias facultades para triunfar en lo que uno desea y llegar a ser lo que podríamos denominar una «personalidad conseguidora».

Los que creen en la buena y en la mala suerte son, digámoslo claro, supersticiosos. Son los mismos que, para protegerse de cualquier infortunio, recurren o ejecutan una serie de rituales que le otorgan una supuesta seguridad psicológica. Creen así ahuyentar los posibles maleficios. Desde los más trágicos hasta los más intranscendentes. Como el que se atribuye al protagonista del siguiente chiste: «Tenía tan mala suerte que corrió solo y llegó segundo».

Existe un importante campo de investigación que demuestra qué es realmente la superstición y las consecuencias negativas que creer en la buena o mala suerte pueden acarrear en la evolución de la personalidad. Dice un proverbio sefardí que «Al desdichado que cree en su mala suerte nunca le corre el caballo».

Recompensa coincidente

El psicólogo estadounidense B. F. Skinner llevó a cabo, probablemente, el primer experimento científico sobre la superstición. Lo descubrió un día que suministraba comida a una paloma cada quince segundos. Al cabo de un rato, la colúmbida empezó a comportarse extrañamente. Daba vueltas a su jaula en sentido contrario a las manecillas del reloj. Mientras, el resto de las palomas también adquiriría hábitos innecesarios. Unas estiraban el cuello hacia una esquina y otras movían repetidamente sus cabezas arriba y abajo. Sin embargo, ninguno de estos movimientos tenía efecto alguno. El alimento se les daba cada quince segundos. Sin importar qué hicieran en ese momento. Aun así, las palomas se comportaban como si sus acciones hicieran aparecer la comida. ¡Las palomas se volvieron supersticiosas! ¿Por qué?

La explicación de Skinner fue muy sencilla. La primera vez que el alimento llegaba, la paloma estaba haciendo «algo». Si la pillaba moviendo la cabeza arriba y abajo —un hábito muy común en ellas—, entonces repetía esa respuesta con más insistencia. La segunda aparición de la comida reforzaba aún más su movimiento de cabeza y el ciclo continuaba.

Skinner, a raíz de este experimento, argumentó que «la conducta supersticiosa es el producto de una "recompensa coincidente". ¿Que qué es eso? ¿¡No me digas que nunca has vuelto ex profeso a comprar lotería en la misma administración donde te tocó la última vez!? ¡Pues eso!

La «recompensa coincidente» desempeña, por lo tanto, un muy importante papel en la superstición humana y, como veremos más adelante, en el desarrollo de la personalidad. Si un muchacho descubre un trébol de cuatro hojas y poco después encuentra un billete de 500 euros, bien puede creer que esa flor trae buena suerte. Especialmente, si ha oído contar a los adultos el poder que a aquélla se le atribuye. Y cualquier evento afortunado que le suceda en los días más inmediatos lo relacionará con el feliz hallazgo. Pero si no le ocurre nada bueno, ni él ni nadie advertirá el «fallo» del trébol. El sesgo del observador supersticioso es similar al de quien escribe su biografía: nunca revela nada negativo de él mismo, ¡salvo su falta de memoria! Esta tendencia confirma, además, la tesis de Oscar Wilde: «¡Sólo me fío de las estadísticas que he manipulado yo!».

La gente es, por consiguiente, más propensa a correlacionar hechos en favor de la superstición que a detectar pruebas en contra. Es el deseo de controlar la incertidumbre que provoca lo desconocido y sus posibles peligros. Este prejuicio es aplicable a los seguidores de cualquier religión. Cuando entrevistan a los supervivientes de un accidente aéreo, por ejemplo, algunos insisten en que se salvaron porque rezaron. Pero les interesa ignorar que, seguramente, otros muchos viajeros adoptaron su misma actitud, y, sin embargo, no pueden testificar sobre la efectividad del procedimiento. Pero la «recompensa coincidente» funciona para los que se salvaron. Si se les hace ver que su supervivencia se debió a causas técnicas verificables o a la «suerte» de su ubicación en el aparato (¿es la cola el lugar más seguro?), no lo admitirán. Afirmarán que ¡«suerte» es el pseudónimo de Dios cuando él no quiere firmar!

En este sentido, Àlex Rovira y Fernando Trías de Bes cuentan en su libro *La buena suerte* una significativa anécdota que ilustra en qué consiste la naturaleza de esta supersticiosa creencia. Gary Placer fue un famoso jugador de golf que comenzó su carrera en los años cincuenta. Cuando finalizaban los años noventa estaba en posesión de un impresionante palmarés de éxitos. Un dato curioso: Gary Placer consiguió en su carrera 18 veces lo que en golf se conoce como *hole in one* (embocar la bola en el hoyo con un solo golpe), algo tan inusual que hay muchos profesionales que no lo han logrado nunca en su vida. Cuenta la anécdota que cuando le preguntaban: «¿No cree que hay que tener mucha suerte para haber conseguido embocar con un solo golpe un total de 18 hoyos?». Placer respondía, cargado de ironía: «En efecto, yo siempre tengo suerte cuando juego. Sin embargo, lo curioso es que cuanto más practico, mejor suerte tengo». Con esta respuesta, el célebre jugador negaba que su éxito dependiera sólo del azar. Él afirmaba que sus logros se debían esencialmente al resultado de un concienzudo entrenamiento, una dieta estricta, un trabajo perseverante y mucha dedicación profesional. Picasso definía la genialidad de modo parecido: «Un segundo de inspiración y cuatro horas de transpiración».

Los conseguidores sólo creen en sí mismos
La realidad es que somos responsables de casi todo lo que nos ocurre. La buena o mala suerte no es otra cosa que la consecuencia de una serie de decisiones y elecciones que hacemos en el trabajo, en la familia, en el amor, en los negocios y en todo en lo que intervenimos. La respuesta siempre está en nosotros mismos. No en el azar, ni en la buena o mala suerte. Lo que la gente llama «suerte» es el resultado de nuestras propias acciones. Si estamos frustrados en el trabajo y no somos capaces de plantearnos un cambio en este sentido; si la incompatibilidad con nuestra pareja es mani-

fiesta y no nos atrevemos a separarnos de ella por miedo a la soledad, por conveniencias económicas o de otra índole; si nuestro negocio no progresa y no osamos hacer cambios en él por temor al fracaso, la culpa no hay que atribuirla a la mala suerte. Otras personas, en las mismas o parecidas situaciones, corren riesgos razonables y desarrollan habilidades profesionales o sociales que propician lo que los supersticiosos denominan erróneamente «buena suerte» o consideran que tienen una «personalidad mágica», porque gran parte del éxito en la vida de estos conseguidores es atribuible a:

- Una excelente habilidad para tratar a la gente y ser particularmente sensibles a las necesidades de los demás.
- La capacidad de influir positivamente en su entorno y despertar lealtad hacia ellos.
- Invertir mucho tiempo en su vida afectiva (familia, amigos, relaciones sociales...).
- Cultivar una alta autoestima y un buen equilibrio emocional, lo cual repercute en su buena salud (apenas conocen lo que es la ansiedad, el estrés o la depresión).
- No dejarse dominar por las preocupaciones inútiles.
- Un estado de ánimo exultante y pletórico de energía, entusiasmo y confianza en lo que hacen.
- Encontrar un mayor sentido a la vida.
- Mostrarse satisfechos de desarrollar su personal potencial y de su contribución a la sociedad.

Los buenos resultados que los conseguidores logran en la vida son, al margen de otros factores, porque no son seres supersticiosos. No se prestan a esos juegos mentales con los que muchas personas se preparan por si los malos resultados se presentan, o incluso esperando que éstos sucedan. No están influidos por supersticiones personales. Cuando algo bueno o malo les sucede, nunca creen que sea porque tienen buena o mala suerte. Tampoco porque se encuentran en buena o mala racha. Los conseguidores logran mucho más éxito en todo que los demás, en todos los campos, porque creen en sí mismos y son más realistas que pesimistas, y porque hace tiempo se cuestionaron todo lo que fueron condicionados a creer.

¿Por qué, a pesar de la falta de evidencias sobre la influencia de la buena o mala suerte en la vida se mantienen estas creencias? Se ha constatado que la gente —no necesariamente la más inculta— tiende, psicológicamente, a buscar argumentos que le confirmen sus teorías. Los creyentes en la astrología, por ejemplo, se inclinan a ver en la conducta de los demás únicamente aquellos rasgos (¡a veces, uno solo!) que encajen en el perfil psicológico típico del signo zodiacal al que pertenecen. Pero ¡ignoran todos aquellos que no se ajustan al mismo! Crean una realidad que cumpla con sus pronósticos, actúan como aquel pintor abstracto que, ante la extrañeza de la modelo al contemplar la disimilitud del retrato con su fisonomía, le decía al tiempo que le entregaba el cuadro: «Hala, y ahora, ¡parecerse!».

¿Por qué millones de personas leen diariamente los horóscopos? La ilusión de conocer las pautas que rigen sus vidas es lo que predispone a mucha gente a creer en la astrología. Y una de las razones más poderosas que apoya esta conducta es también la «recompensa coincidente» de la que habla Skinner. Los adictos a esta doctrina adivinatoria se impresionan de la precisión con que este sistema describe su personalidad. «Usted es una persona amigable, aunque, a veces, se encuentre triste» es, en efecto, una descripción que coincide con el carácter del lector... ¡y con el de casi todo el mundo!

Astrología: una pseudociencia con la cual o sin la cual todo sigue igual

A los creyentes o superticiosos, tales coincidencias les reafirman más en su creencia, y, a los escépticos, las ambigüedades, más en su escepticismo. Unos y otros usan los argumentos a favor y en contra de muy distinta manera. Los adictos al horóscopo son más proclives a distorsionar las evidencias que ponen en tela de juicio la validez de su doctrina («¿Por qué el día de nacimiento es el crítico y no el de la concepción?» o «Los planetas que supuestamente influyen en el carácter están tan tremendamente lejanos que cualquier posible influencia sería infinitesimal»). Pero les interesa creer en ese determinismo. A los supersticiosos les exime de esforzarse para llegar a ser una «personalidad conseguidora» en la vida. ¿De qué serviría hacerlo si «ya saben» lo que pueden esperar de sí mismos porque se lo han dicho los astros? Es la reacción más cómoda cuando ellos no se responsabilizan de sus actos. Y hasta llegan a pensar que sus «razones» son muy lógicas. Se consideran unos estudiosos de la astrología, una pseudociencia con la cual o sin la cual todo sigue igual.

Algunos escépticos, por su parte, aunque más predispuestos a contemplar de manera objetiva los acontecimientos, tampoco son absolutamente inmunes. En especial, cuando las previsiones para su signo les suenan a música celestial: «Ante su irresistible atractivo y privilegiada inteligencia, una persona encantadora se pondrá está semana a sus pies...». ¡Aunque luego tengan que acudir al limpiabotas para que se cumpla el pronóstico!

Las supersticiones, como creer en la buena o mala suerte, son creencias que no tienen ningún efecto sobre los acontecimientos. Son absurdas e ilógicas. Pero existen debido a las «recompensas coincidentes», a los prejuicios de la sociedad y a la escasa fe que muchas personas tienen en desarrollar una personalidad conseguidora.

Las personas sometidas a tensión y riesgos constantes en los que interviene el azar (deportistas, artistas, empresarios, toreros, inversionistas, apostadores...) tienen mayor predisposición hacia los comportamientos supersticiosos. La superstición actúa como un mecanismo de defensa de la propia integridad. Y, aunque tal protección es tan eficaz como un preservativo hecho con una redecilla de malla como las que se usan para recoger el pelo, les proporciona seguridad psicológica. Sin embargo, cuando estas manías aumentan en número, intensidad y frecuencia se convierten en un trastorno obsesivo-compulsivo que incapacita al supersticioso en su vida social y que, por ello, ha de ser tratado. No es aconsejable comportarse como ese quiromántico amenazado por un león, que sigue confiando más en las palmas de sus manos ¡que en las plantas de sus pies!

En realidad, y para que sirva a la mayoría de «consuelo», casi todos, en mayor o menor grado, tenemos conductas supersticiosas. Cuando un periodista entró en el estudio de Niels Bohr, el científico que detalló la estructura y función de los átomos, advirtió una herradura que colgaba sobre la puerta. Le preguntó al físico danés si creía que ese objeto le traería suerte. El gran científico respondió: «No, no creo en nada de eso, en absoluto. Me parece un disparate de lo más tonto, pero me han dicho que una herradura trae suerte, ¡aunque uno no lo crea!».

CLAVES PARA «FABRICAR» TU BUENA SUERTE

- **Crea tus propias oportunidades:** la vida de la gente afortunada está repleta de gozosas oportunidades que a los demás no se les presentan. Parece cosa de magia, pero no es así. Las personas con «buena suerte» usan, consciente o inconscientemente, técnicas que posibilitan que las oportunidades se den. Entre otras, poseer una buena red de amigos y de contactos profesionales, cultivarla, incrementarla progresivamente, ser receptivo a todos ellos y estar abierto a nuevas experiencias. Esta actitud propicia que los «conseguidores» se encuentren casi siempre «en el sitio correcto y en el momento oportuno».

- **Actitud positiva y relajada:** lo que diferencia a las «personas con suerte» de las que no la tienen es, entre otros aspectos, una actitud positiva ante la vida. La falta de confianza en el futuro genera un alto estado de ansiedad. Esto favorece la aparición de enfermedades psicosomáticas que impiden concentrarse en las metas que uno desearía alcanzar o ser receptivo a las nuevas oportunidades que podrían aparecer. Mantener una actitud relajada y positiva facilita, pues, la «buena suerte»: sólo aquellos que trabajan y nada esperan del azar son dueños de su destino.

- **Presta atención a tu voz interior:** la mente consciente no facilita la detección de situaciones significativas. Sin embargo, el inconsciente compara la situación presente con pasadas experiencias y encuentra semejanzas que despiertan fuertes sentimientos, los cuales empujan a adoptar decisiones sabias, aunque también desacertadas. La diferencia entre acertar o no depende del grado de autoconfianza que uno posea. La gente afortunada está muy bien predispuesta a aprovechar los avisos inconscientes de su voz interior aplicándolos a su trabajo o a sus relaciones personales. El desarrollo de la intuición (ver claves en el correspondiente capítulo) o el ejercicio de la meditación te ayudará a determinar si los mensajes percibidos son merecedores de confianza. Además, las personas con «buena suerte» suelen tener absoluta confianza en las decisiones que toman, sin preocuparles demasiado que los demás no las compartan o incluso las desaprueben.

- **Convierte la «mala suerte» en «buena suerte»:** hay sucesos sobre los que apenas tenemos control (accidentes fortuitos, enfermedades, etcétera), aunque sí podemos determinar cómo responder a aquéllos. La gente con «buena suerte» en seguida percibe el lado positivo de la «mala suerte». Así, en vez de reaccionar con actitudes victimistas («¿Por qué me tiene que ocurrir esto a mí?»), consideran cuánto peor podría haber sido. O en lugar de autocompadecerse por una enfermedad, se convencen de que la superarán y todo será mejor en el futuro. Son personas resilientes (ver claves en Capítulo 1). Rompen el círculo de lamentarse y de recrearse siempre en sus desgracias para darle la vuelta al infortunio. Su conducta, por lo tanto, está orientada a la acción y a resolver los problemas, en vez de a buscar justificaciones por su aparición.

Los conseguidores logran mucho más éxito que los demás en todos los campos, porque creen en sí mismos y son más realistas que pesimistas. No es que no tengan fracasos: caer les está permitido, pero ¡levantarse es obligatorio!

Carismáticos: ¿nacen o se hacen?

Algunas personas han nacido para cambiar el mundo. Poseen lo que los psicólogos llaman «carisma». Esta facultad no tiene nada que ver con la bondad ni con el aura de los santos: «Carisma» es un concepto que está relacionado con la impresión que los demás tienen de una determinada persona, sin que, muchas veces, sepan muy bien por qué. Pueden contar con, entre otras facultades, una excepcional inteligencia, alta energía, entusiasmo, perseverancia, persuasión, autoconfianza, pero, por encima de todo, poseen la capacidad de influir en los demás. Su sola presencia ilumina la vida de los que le rodean. A muchos les gustaría poseer algunas de estas prestigiantes facultades, por esa necesidad innata de sentirnos superiores, pero pocos saben cómo adquirirlas.

La gente suele decir que alguien posee carisma de la misma forma que dice «Tiene los ojos azules» o «Calza un 42». Percibe el carisma como una característica inseparable que alguien posee genéticamente. Pero eso es tan dilucidador como los partes médicos que dan por la televisión cuando algún famoso está internado en una clínica, elegantes, técnicos, científicos e... ¡incomprensibles!

La naturaleza del carisma

¿Puede definirse el carisma? Carisma parece una capacidad «misteriosa», irresistible y casi mágica que hace que los demás crean en ti y quieran hacer lo que tú les pides. Pero cuidado: si la gente hace lo que tú le pides, simplemente porque tú tienes el poder de obligarla, eso no es carisma. Como tampoco lo es si lo hace porque enarbolas un arma. O porque puedes forzarla bajo la amenaza de un castigo. La diferencia esencial entre coerción y carisma es que uno cree en la persona carismática y desea hacer lo que ésta le pide sin considerar otros factores. Se cuenta que, hace años, cuando algún brillante político estadounidense concluía una charla, los oyentes comentaban: «¡Qué interesante conferencia!». Sin embargo, cuando era John F. Kennedy quien la pronunciaba, el comentario de la audiencia era: «¡Sigámosle!». ¡Eso es carisma! Porque, por muy buen orador que sea un político, nunca podrá tener carisma si carece de credibilidad. Y ésta no es, precisamente, una cualidad que abunde entre ellos, que suelen poner en entredicho, entre otros principios, los pitagóricos: los políticos, por lo general, se administran muy bien, ¡ahorran más de lo que ganan! Y esta imposible ecuación no genera precisamente confianza ni credibilidad.

Si has visto algún documental de Martin Luther King pronunciando algunos de sus famosos discursos como el de «Yo tengo un sueño», probablemente te haya conmovido por su vigor, autoridad y resolución. Más recientemente, Barack Obama se ha revelado también como un personaje carismático: él conecta con las personas mirándoles directamente a los ojos; usa con frecuencia el pronombre «tú» creando en sus seguidores la sensación de que está hablándoles a ellos directamente; habla de temas que sintonizan con su audiencia; oralmente, puntúa las frases, habla claro, repite un estilo de frase varias veces. Un ejemplo de uno de sus discursos: «Esta noche, si tú sientes la misma energía que yo, si tú sientes la misma urgencia que yo, si tú sientes la misma pasión que yo, si tú sientes la misma esperanza que yo... entonces, no tengo ninguna duda de que contaré contigo en noviembre...».

Carisma es, pues, una cuestión de percepción. Un ejercicio de influencia sobre los demás. En virtud de su explicación científica, es la capacidad de «convencer e imponer sin fuerza». Según Max Weber, «carisma» es una palabra de origen griego que significa «regalo inspirado en lo divino». Esta definición explicaría lo ocurrido en Waco, la ciudad texana donde los miembros de la secta religiosa de los davidianos tenían tal fe en su líder que éste los convenció para llevar a cabo un suicidio colectivo. Pero el carisma, afortunadamente, produce más resultados positivos que negativos. Mahatma Gandhi, el citado Luther King o Nelson Mandela, por ejemplo, son líderes que emplearon su carisma en causas del bien común. El resultado de su uso depende, por consiguiente, de los valores, las necesidades o las intenciones del líder. Desde un punto de vista de la personalidad, nos interesa resaltar aquí el uso del carisma de forma positiva. Y, aunque, en este sentido, los carismáticos también tienen un deseo de poder, se trata de un poder «social», esto es, un poder orientado a producir verdaderos cambios positivos en sus seguidores y en la sociedad en general.

Pero ¿se puede aprender a ser carismático?

«Sí» es la respuesta. Hasta hace unas décadas, la mayoría de los psicólogos creían que las cualidades que poseen las personas carismáticas eran innatas. Hoy en día se sabe que pueden aprenderse. No sólo en el transcurso de una infancia influida por unos padres líderes que sirven de ejemplo a sus hijos, sino de adultos, mediante determinadas técnicas. Nadie ha desarrollado aún un test para medir el cociente de carisma que uno puede lograr, pero el grado depende de muchos factores. Algunos de ellos parecen ciertamente un asunto mágico o del destino. Ciertas personas cuentan con el don natural de atraer el respeto y la admiración de los demás; a menudo consiguen lo que quieren en la vida porque son capaces de hacer que quienes las rodean estén siempre dispuestos a ayudarles a conseguir lo que aquéllas persiguen. Además de poseer las facultades apuntadas al principio, también ayuda mucho, por ejemplo, ser físicamente atractivo, gozar de buena salud o tener una buena formación intelectual. Pero lo que más importa para quienes aspiran a tener una personalidad carismática, sin embargo, es la voluntad y el esfuerzo que uno esté dispuesto a invertir en ello. El cerebro humano —decía Ramón y Cajal— es como una máquina de acuñar moneda. Si echas en ella metal impuro, obtendrás escoria; si echas oro, obtendrás monedas de ley.

Encantadores de serpientes... y de personas

Existen diversas técnicas para tratar de alcanzar el carisma. Una de las más importantes es la de nivelación. Esto es, «ponerse a la altura» del interlocutor. Hace años que los investigadores descubrieron que la gente parece tener preferencias por usar una clase de información sensorial en detrimento de otras. Esto es así porque, por alguna razón, hay quienes se expresan mejor de una forma que de otra, o porque algunas personas desarrollan más unos sentidos que otros.

Hay, por lo tanto, tres estilos favoritos de comunicación. El visual lo practica gente que procesa la información por la vista. En su vocabulario abundan las palabras «ver», «mirar», «observar», «ser claro», «transparencia», «obvio», «lúcido»... Y se despide con un «¡Hasta la vista!»; el auditivo procesa los datos por los oídos. Son usuales en su discurso términos como: «oír», «escuchar», «hablar», «prestar atención» o «sonar bien»... Su despedida suele ser: «¡Ya hablaremos!»; el sensorial, en cambio, es el estilo que emplean las personas que procesan la información por otros sentidos que no son la vista ni el oído. Abundan expresiones y vocablos como: «Me huele que...», «sentir», «tocar», «hacer», «Se respira un ambiente...», «Eso me deja mal sabor de boca»... Y se despiden así: «¡Estaremos en contacto!».

Así, elegir el modo de comunicación preferido por tu interlocutor hace que éste «se sienta en la misma onda» que tú. Que comparta «las mismas sensaciones». Que se encuentre ante una persona «especial», «que lo entiende a la primera». Y, por último, siente que es un placer hablar contigo. La comunicación es equilibrio. Y haber conseguido esa nivelación en la conversación te convierte en un ser más carismático. Ya ves, ¡sin necesidad de fundar ninguna secta, anunciar el enésimo fin del mundo o envenenar a tus seguidores!

Aprender a aplicar esta nivelación de forma rápida y natural requiere práctica. Es cierto, pero es bastante más fácil que reparar el reloj mientras el avión en que viajamos está cayendo en picado. Primero, has de averiguar cuál es tu propio estilo prestando atención al lenguaje que usas. Después, trata de identificar cuál es el estilo de tu interlocutor fijándote en los patrones que éste emplea. Finalmente, y salvo que tu estilo conversacional coincida con el de tu interlocutor, «traduce» sus frases de un sistema a otro. A continuación, se muestran las principales claves que deben seguirse para lograr una personalidad carismática:

CLAVES PARA SER UNA PERSONA CARISMÁTICA

- **Comunica correctamente:** quédate con el nombre de tu interlocutor y cítalo varias veces mientras estés hablándole (para cada persona su nombre es la música que mejor le suena). No hables demasiado ni interrumpas a la persona que está transmitiéndote algún mensaje en busca de tu opinión (el silencio es un poderoso aliado si prestas la debida atención a tu interlocutor). Sé un buen oyente (nada es más apreciado por tu interlocutor que prestar toda tu atención a lo que dice, en vez de pensar en lo que tú vas a decirle). Aplica el sutil arte de elogiar sinceramente (la gente que recibe un elogio merecido está más predispuesta a hacer cosas para quien la honra con ese reconocimiento). Cuida tu lenguaje no verbal y mira a los ojos de tu interlocutor, al tiempo que mantienes los brazos abiertos (los brazos cruzados son los asesinos de la conversación). Sé considerado (antes de hablar piensa en cómo tus comentarios pueden hacer sentir al otro). Corolario: si quieres ser agradable ante los demás, *no te dispongas a hacerte el agradable*. Así sólo estarás pensando en ti mismo. Muestra un genuino y sincero interés en los demás, y ser agradable vendrá de forma natural.

- **Visualiza los obstáculos:** imagina de antemano las dificultades o los conflictos que puedas encontrarte en cualquier situación en la que vas a intervenir. Ten preparadas soluciones o alternativas a los problemas. Muestra imagen de «saber». Antes de reunirte con los demás infórmate todo lo que puedas sobre el tema que va a debatirse. No se trata de aparecer como un sabelotodo, sino como alguien bien informado.

- **Visión inspiradora o «poder inspiracional»:** rompe el statu quo con innovaciones no convencionales. Estudia y propón metas sociales o profesionales para mejorar la vida de los demás, proporcionando soluciones de tus propios análisis o de las que puedan facilitarte amigos o colegas que son líderes en otros campos y que consideres importante implementarlas en tu entorno. ¡Nunca encontrarás una persona tan ignorante de la que no puedas aprender algo!

- **Crea un «efecto halo positivo»:** lo que en psicología se denomina «efecto halo» no tiene nada que ver con la bondad ni con la divinidad. Está relacionado con tu «aura» y cómo ésta produce una impresión en los demás. Esta impresión irradiará confianza. Un ejemplo aparentemente intrascendente, pero que afecta al «aura» es llegar tarde a las citas o reuniones. La impuntualidad no es sólo una descortesía, sino que el impuntual da la impresión de que no valora el tiempo de los demás. Es la forma más segura de crear un «efecto halo»... ¡negativo!

- **No abuses de tu poder:** aunque tengas poder jerárquico profesional, social o cultural para influir en las personas, hay que optar por ejercer ese poder *con* la gente, no *sobre* la gente. Esto es, apoyando y defendiendo al débil y motivándolo, y no provocándole temor por tu capacidad de influir o decidir en virtud de la posición que ocupas. Todos tenemos la responsabilidad de esforzarnos en ser la mejor persona posible.
- **Sé emocionalmente expresivo:** la gente que controla sus emociones positivas difícilmente atrae la atención. Pero expresar tus sentimientos de forma dinámica te convierte en una persona más vívida y genuina. Darás siempre una impresión positiva y tus interlocutores estarán más predispuestos a recordar tus ideas u opiniones. Y si éstas, por las circunstancias, son negativas, exprésalas abierta, pero constructivamente. (Tal como se indica en mi libro anterior *No se lo digas a nadie... así*).

Si bien las técnicas apuntadas son básicas para aprender a ser carismático, preocuparse sinceramente por el estado de salud o los problemas de los demás (ser empático), tener sentido del humor, sonreír frecuentemente o manifestar cualquier otro aspecto que resalte tu lado humano son tácticas importantes y complementarias que te ayudarán a conseguir más fácilmente el deseado magnetismo personal.

Según los psicólogos sociales S. A. Kirkpatrick y E. A. Locke, las características de los líderes exitosos muestran algunos de los siguientes rasgos en mayor medida que otras personas:

CARACTERÍSTICAS DE LOS LÍDERES

Rasgo	Descripción
Impulso	Deseo de logro: ambición, dinamismo, tenacidad, iniciativa.
Honestidad e integridad	Fiabilidad: seguridad, apertura.
Motivación de liderazgo	Deseo de ejercer influencia sobre los demás para alcanzar metas compartidas.
Autoconfianza	Confianza en las propias habilidades.
Habilidad cognitiva	Inteligencia; facilidad para integrar e interpretar una gran cantidad de información.
Creatividad	Originalidad.
Flexibilidad	Facilidad para adaptarse a las necesidades de los seguidores y cambiar los requisitos de cada situación.
Pericia	Conocimiento de las actividades de grupo y asuntos técnicos relevantes.

Cómo influir en los demás sin abofetearlos

El arte de la persuasión

«La persuasión es el arte de conseguir que los demás hagan con gusto lo que uno desea que hagan.» La necesidad de convencer por las buenas es hoy una premisa en las relaciones profesionales, familiares y de pareja. Muchas son las personas que emplean métodos persuasivos: los ejecutivos, para promocionarse; los políticos, para mantenerse en el poder; los vendedores, para colocar sus productos; los padres, para hacer entrar en razón a sus hijos. Y las parejas, para intentar salirse cada uno con la suya. Cualquiera que quiera convencer a otro de algo recurrirá a estrategias persuasivas. Pero no todos están dotados de suficiente personalidad para aplicar las más adecuadas, según el carácter de sus oponentes y demás factores. Puedes llevar a un caballo al abrevadero, pero ¡no puedes obligarle a que beba!

Cualquier jefe sabe, por ejemplo, que para pedir a un empleado que vaya a trabajar un sábado se necesita algo más que una sonrisa. El arte de convencer o persuadir a alguien para que haga lo que a uno le interesa no siempre es una tarea fácil. De ahí que existan diversas tácticas de persuasión, que se emplean en función del poder que tiene el persuasor y de las distintas circunstancias que rodean al receptor del mensaje.

Sin embargo, como quiera que no todos los persuasores ni «persuadibles» poseen las mismas características personales, la elección de la táctica para convencer a los demás depende del poder, las condiciones y las expectativas de unos y de otros. Los populares libros de autoayuda al estilo de *Cómo influir en los demás sin abofetearlos* son a menudo ambiguos, cuando no contradictorios. Unos apelan a la asertividad; otros, a la sutileza; otros, a la razón. O a la lógica, la argumentación, el sentimentalismo, o incluso a la agresividad verbal. ¿Todos tienen razón? Depende. Es preciso analizar cada situación para elegir la táctica más adecuada. Porque, por un lado, la gente no se somete fácilmente a los deseos de los demás, y, por otro, hay personas tan poco dotadas para la persuasión, ¡que son incapaces de convencer a nadie de que huyan de un edificio en llamas!

Tácticas persuasoras «a la carta»
Aunque, también por medio de sermones catequizantes, trasnochadas retóricas y gritos intimidatorios puede conseguirse que la gente haga lo que uno quiere, los persuasores que usan tales procedimientos pierden su reputación de personas de buena voluntad. Las estrategias que hoy se utilizan para convencer son, según los psicólogos D. Kipnis y S. Schmidt, tres: la «suave», la «racional» y la «dura». En la primera los persuasores actúan amablemente y halagando a los demás para conseguir sus propósitos, porque: a) están en desventaja, b) presuponen que el receptor se resistirá o c) pretenden lograr beneficios sólo para ellos. En la «racional» los persuasores aplican la lógica y la negociación porque: a) ninguna de las partes tiene un poder real de ventaja, b) suponen que el otro no se opondrá y c) el objetivo es conseguir beneficio para ambas partes. Y la «dura», en cambio, que se basa en exigencias, tono de voz elevado y cierta agresividad, es empleada por los persuasores que tienen ventajas sobre la persona a la que pretenden convencer o intuyen que va a resistirse. Es la peor de las tres y la más alejada del espíritu moderno en que se basa hoy el arte de persuasión ¡una estrategia tan moldeable como el mármol!

¿A quién no le gusta tener «la última palabra»?
¿Por qué, en un caso, la gente quiere convencer a los demás con exigencias, en otro buscando su conformidad y, en un tercero, adulándolos? La explicación es que los buenos persuasores intentan elegir la táctica más adecuada en cada circunstancia. La opción, pues, depende de la situación y de las características de la persona sobre la que quiere influirse. Así, las estrategias varían si se trata de jefes, amigos, cónyuges, etcétera. De si los objetivos que persigue el persuasor son profesionales o personales. De su grado de influencia y también de las expectativas que los persuasores tengan respecto a la predisposición del otro a aceptar o resistirse a sus sugerencias. Las personas carismáticas, que saben elegir adecuadamente la táctica que cabe aplicar en cada caso, logran mejores resultados que los peregrinos que van a Lourdes en busca de su salud perdida. Tienen la habilidad de conseguir milagros: ¡que la gente haga lo que no quiere hacer y le guste!

En el trabajo, por ejemplo, cuando el persuasor quiere del jefe un permiso o un aumento de sueldo, confía en la amabilidad y el halago (táctica «suave»). Cuando es el directivo quien quiere persuadir al presidente de la compañía de que acepte su nuevo proyecto, apela al argumento y a la lógica (táctica «racional»). Y si es un jefe quien quiere conseguir de un subordinado algo que vulnera las normas laborales o sociales, trata de convencerle con frases intimidatorias (táctica «dura»). En este sentido, cualquier atracador sabe que pedir amablemente el dinero de la caja sin un arma «persuasiva» puede provocar más incredulidad que las promesas hechas por un político en campaña electoral. El hecho de que las personas varíen sus tácticas de influir en los demás depende, principalmente, del poder que tengan sobre sus «víctimas». Pero, aun así, es conveniente tomar precauciones. Dominar a alguien social o psicológicamente no siempre es garantía de éxito. El marido sexista, por ejemplo, se considera jefe de familia y el peatón cree que tiene preferencia de paso, y, por lo general, uno y otro se hallan a salvo, ¡excepto cuando tratan de comprobarlo!

Sin embargo, la gente que tiene poder no siempre emplea tácticas duras. Al principio, la mayoría, simplemente se limita a intentar convencer explicando lo que quiere. Sólo cuando el receptor parece remiso a cumplir su petición enseña los dientes. Y es que las personas que controlan recursos, dinero o emociones siempre gozan de una sustanciosa ventaja a la hora de convencer a los demás. Más aún: casi siempre tienen la última palabra, no en balde el «arte de la persuasión» se asocia a menudo con el «arte de la manipulación». Pero llamarlo así sería casi tanto ¡como elegir a Drácula para una campaña de donación de sangre!

Quien pregunta primero, gana

Si tú quieres persuadir por carisma a la gente de que haga las cosas a tu manera, acepte tu propuesta y tu punto de vista, o deseas influir con tu personalidad en su mente para convencerla de tus ideas, una de las técnicas más apropiadas y sencillas es empezar a formular preguntas (ver epígrafe «El arte de preguntar sin vergüenza»). Las ventajas de esta táctica son evidentes:

1. **Cuando preguntas, estimulas el pensamiento del otro.** Las preguntas obligan a tu interlocutor a que esté pendiente de lo que le dices. Incrementas su interés porque le invitas a hablar, mientras tú aprendes más sobre él, lo que quiere o cuáles son sus necesidades, lo que facilitará que puedas persuadirle más fácilmente.
2. **Cuando preguntas, tomas la iniciativa de la conversación.** Las preguntas que formulas marcan la dirección específica que tú quieres dar a la conversación.
3. **Cuando preguntas, despiertas en tu interlocutor un sentimiento de importancia.** Le das la oportunidad de expresar sus propias opiniones, lo cual le hace sentir importante y cubre una de sus necesidades básicas como es alimentar su ego. Cuando el interlocutor descubre que tú estás interesado en lo que él pueda decir y que respetas sus ideas, él respetará las tuyas, lo que, obviamente, facilitará tu persuasión.
4. **Cuando preguntas, se te revelarán las actitudes de tu interlocutor.** Sólo a través de preguntas podrás conocer cuál es el pensamiento y los sentimientos internos del otro y, en consecuencia, descubrir sus necesidades y deseos y, en función de ello, persuadirle para que apoye tus propósitos.

Las preguntas con las que debe iniciarse una conversación que tengan por objeto persuadir a alguien han de ser fáciles de responder para el interlocutor. Esto lo relajará y le dará la sensación de que es fácil conversar contigo. La gente disfruta respondiendo lo que ella sabe que es correcto. Puede demostrar así lo mucho que sabe de algo. Formular preguntas es una de las tácticas más apropiadas para enriquecer tu personalidad carismática y aumentar tu poder de persuasión, sin olvidar las claves esenciales. Veamos:

CLAVES BÁSICAS PARA PERSUADIR A LOS DEMÁS

Comunicarse con alguien es siempre una oportunidad para convencerle de que crea en tus ideas, tus propuestas o te ayude a realizarlas. No obstante para lograr resultados positivos, conviene seguir determinadas pautas:

- **Escucha hasta el final:** si muestras inmediatamente tu desacuerdo con la opinión que defiende tu interlocutor, sólo conseguirás que éste se ponga a la defensiva. No lo interrumpas. Permítele que explique completamente su posición. Si muestras respeto hacia los argumentos del otro, le alentarás a que también respete los tuyos. No insistas en el «yo». Resalta, en cambio, la bondad o la lógica de tu proposición.
- **Busca el equilibrio en la conversación:** tus palabras serán mucho más persuasivas si permites que tu interlocutor hable aproximadamente el mismo tiempo que tú empleas en ello. Huye de una vana retórica que confunda a tu oponente, y emplea un lenguaje claro y sencillo. Si hablas ex-

cesivamente, éste puede sentirse descolgado del tema, hasta dejar de prestarte atención. Si, en cambio, es él quien no te da oportunidad de que tú te expreses, dile algo así como: «Me gustaría decirte algo respecto a por qué valoro tu opinión».

- **Consigue que te presten atención:** tú no puedes convencer a nadie que no esté prestándote atención. Y la mayoría de la gente no está prestando atención la mayor parte del tiempo. Antes que seguir adelante con una importante propuesta o discusión en un momento propicio para ti, pregunta también a tu interlocutor si también él lo considera propicio para tratar ese asunto tan importante. Si él responde que sí, tu pregunta le habrá alertado de que el asunto es serio y te prestará atención. Si, por el contrario, su respuesta es negativa, pregúntale cuándo sería el mejor momento para él.
- **No tomes partido entre dos contendientes:** resulta agradable cuando un amigo, en compañía de su pareja, nos pide nuestra opinión sobre un conflicto que ambos mantienen, en la confianza de que tú sabrás persuadir de su error a la otra parte. Creemos que el amigo nos pide ayuda porque considera que nuestra experiencia o sabiduría le será de gran ayuda. Si somos inteligentes, trataremos de mantenernos al margen de ese desacuerdo sin herir los sentimientos de ninguno de los dos. Si tomas partido por alguno de ellos, el otro se sentirá ofendido. Probablemente, la pareja se reconcilie más tarde, pero el que resultó perjudicado por tu opinión continuará molesto contigo.
- **Mantén frecuente contacto con tu gente:** en muchas ocasiones, sólo nos ponemos en contacto con familiares,

amigos o colegas cuando necesitamos algo de ellos y queremos persuadirles de que nos complazcan. Tarde o temprano, estas personas sienten que están siendo «utilizadas». Con objeto de prevenir este pensamiento negativo y persuadir con estilo, llámalos o ponte en contacto con ellos cuando tú no tengas necesidad de pedirles nada o, mejor aún, si tienes algo que ofrecerles (un artículo que has leído y que puede interesarles o transmitirles alguna noticia que tal vez les afecte).

- **Prescinde siempre de tácticas «duras»:** para ser carismático procura convencer siempre por la razón, la argumentación, o suscitando emociones sinceras. Es preferible conseguir una fórmula de compromiso ventajosa a imponer tu opinión por la fuerza. Pide la opinión a los demás antes de dar la tuya. ¿Qué táctica es la mejor? Cualquier estrategia racional, lógica o suave, dependiendo del caso, puede ser útil, salvo las tácticas duras. Éstas, a menudo, alienan a la gente que está siendo influida y crean un clima de hostilidad y resistencia. Por lo tanto, si no has logrado convencer a tu oponente, nunca le amenaces con el dedo ¡y menos poniéndolo en el gatillo! (la pistola es el arma de los analfabetos).

La busqueda del ajá

«Yo no busco, encuentro.» Así describía Pablo Picasso su proceso intuitivo en la creación artística. La intuición está íntimamente relacionada con la creatividad. No en balde, en la mayoría de los artistas es intuitiva y coquetea constantemente con la quintaesencia de la inteligencia. La intuición, como la creatividad, es difícil de explicar. Es más fácil decir lo que no es. Como hizo ese escultor al que le preguntaron cómo había logrado esculpir una figura de elefante tan perfecta: «Cogí —dijo— un gran bloque de mármol y ¡quité todos los trozos que no se le parecían a un elefante!».

En efecto, hay personas que se enfrentan a situaciones sorpresivas y complicadas y saben, instantáneamente, qué hacer. Pero no pueden explicar con exactitud cómo sabían que su forma de proceder era la correcta. Son gentes dotadas de intuición. Una capacidad inconsciente que permite no sólo componer música, inventar teorías científicas o hacer descubrimientos, sino también resolver intrincados problemas de la vida cotidiana. Los cientificistas siempre han sido reacios a reconocer esta facultad. De ahí que, si queremos potenciarla en nuestra personalidad, debamos proteger nuestra salud mental de los múltiples factores racionalistas y tecnológicos que atentan su desarrollo. Las limitaciones de la ciencia son como las estadísticas, nos hablan de resultados, de seguros porcentajes, de lo que es, de lo que no es... pero nunca de lo que pudo haber sido y no fue. En palabras del psicólogo S. J. Harris «el peligro real no consiste en que los ordenadores lleguen a pensar como los hombres, ¡sino que los hombres acaben pensando como los ordenadores!».

Ciencia vs. *intuición*

En un mundo obsesivamente racionalista, la intuición tiene mala fama. La gente se conforma con manejar un escaso potencial de la inteligencia (un 10 por ciento, según el tópico) y, por lo general, menosprecia la intuición (que se ubica en el 90 por ciento restante del cerebro). Ésta se ha visto, en el mejor de los casos, como un don de la mujer en un mundo de hombres que ambiguamente reconocen esta facultad: «La intuición femenina es absurda, ilógica, emocional, inestable, ridícula... ¡e infalible!». En la actualidad, gracias a esa absurda infalibilidad femenina, la intuición empieza a ser cortejada por prestigiosos científicos. Y hasta promete convertirse en una estrella de laboratorio. Sin embargo, los grandes artistas, científicos, ejecutivos, inventores..., así como la gente común interesada por el poder de la mente, nunca han dejado de creer en ella. Muchos desesperados saben que ante un complicado problema de álgebra, por ejemplo, una de las soluciones es pegarse un tiro. Pero los intuitivos siempre han preferido recurrir a sus neuronas mágicas. No ignoran que el pensamiento analítico-deductivo llega demasiado tarde a las citas. Y es que lo racional y lo lógico es, muchas veces, como ese gran experto en carreras de caballos. Te dice con absoluta seguridad qué caballo va a ganar y luego te explica las razones técnicas por las que no ganó. O como ese otro «experto» de Bolsa que, leyendo la página financiera a su mujer, no tiene más remedio que reconocer su gran visión de la jugada: «¿Recuerdas esas acciones con las que iba a jubilarme a los cincuenta y cinco años? Pues ahora me jubilaré cuando tenga 250!».

El mundo empresarial, empero, ha empezado a asumir —tímidamente— que el razonamiento basado en la experiencia es lento e inapropiado para un mercado global de veinticuatro horas. De ahí que algunas compañías privadas comiencen ahora a ser más receptivas ante los ejecutivos con intuición que con los que poseen un interminable currículo. Éstas creen que la inteligencia es algo más que lo que la experiencia, la ciencia, el marketing y la tecnología les proporciona. Y es que el culto a estas racionalistas doctrinas había relegado la intuición a los asientos de la última fila. Así, las personas que la poseían aún no se atrevían a aplicarla. No la consideraban intelectualmente respetable, ni fiable. La nuestra es una época que está orgullosa de las máquinas que piensan, sospecha de los seres humanos que analizan, y abomina de los que intuyen. No es rara, pues, en este sentido, la opinión del genial Luis Buñuel: «Encuentro a la ciencia pretenciosa y superficial porque no tiene en cuenta los sueños, el azar, la risa, los sentimientos y las paradojas, las cosas que más amo».

Intuitivos eternos de ayer y hoy

Hay gente que reconoce que, gracias a su intuición, goza de un margen competitivo sobre aquellas otras personas que, de modo consciente, tratan siempre de pensar racionalmente. Algunos editores, por ejemplo, «saben» ya, desde el primer párrafo del libro que tienen entre manos, si va a ser o no un bestseller. Gozan de un olfato especial para descubrirlo, aunque no sepan decir en qué consiste su presentimiento. Su facultad contrasta con la de otros expertísimos editores que han rechazado obras que luego han sido éxitos fulgurantes. Pese a ello, no puede decirse que los informes de lectura que estos últimos visionarios literarios emiten sean completamente inútiles. Simplemente, cambian de función: se transforman en papel higiénico. Es innegable que muchos logros creativos, descubrimientos científicos o inventos han sido producto de la intuición. Albert Einstein, Alexander Fleming, Thomas Edison, Amadeus Mozart, Salvador Dalí... fueron famosos intuitivos. No obstante, esta facultad no es monopolio de los genios...

¿Quién no ha sentido alguna vez en su vida, el regocijo y la sorpresa que supone la aparición, súbita e inexplicable, de la solución al problema que tanto le preocupaba? La clave se nos revela sin la intervención de ningún proceso consciente de previa experiencia o razonamiento. En palabras de Winston Churchill, «la intuición es un relampagueante zigzag del cerebro». Es, en efecto, un flash que te hace pronunciar la palabra mágica «Ajá» (que denota aprobación), que te revela sin esfuerzo, consciente y rápidamente, un directo conocimiento sobre algo. Puede ser la solución a un intrincado problema, una toma de decisión correcta o incluso la previsión de un hecho que va a ocurrir. El gran maestro del conductismo B. F. Skinner también reconoce la intuición aunque su escuela conductista no haya podido dar todavía explicación a la misma: «El diagnóstico intuitivo del médico, la intuición del crítico de arte que identifica una escuela y la destreza intuitiva con que algunas personas aprenden rápidamente a orientarse en una ciudad son ejemplos de comportamientos para los cuales aún no se han formulado reglas». Para el filósofo francés Henri Bergson, la intuición es una «armonía interior con la realidad». Otros la han calificado de «sexto sentido», la «esencia del sentido común», la «razón apresurada» o la «velocidad punta de la inteligencia». Como puede observarse, todos opinan sobre la intuición. Pero, en realidad, nadie sabe mucho más sobre ella.

¿Por qué mucha gente desconfía de la intuición?
¿Podemos llegar a ser más intuitivos? ¿Podemos manejar de alguna manera la intuición para conseguir ser más efectivos y más certeros en nuestras decisiones? ¿Podemos integrarla como un nuevo rasgo en nuestra personalidad? Tres mitos impiden a la gente escéptica desarrollar la intuición y, por lo tanto, recurrir a ella como herramienta factible de usarse en muchas circunstancias:

Mito 1: ¿Existe lo invisible?
El hecho de que no se comprenda qué es la intuición ni dónde está hace dudar a muchos de que la posean. La intangibilidad de esta materia significa a menudo que la intuición sólo puede ser conocida por sus resultados. Así, el hecho de no comprender su génesis bloquea a mucha gente la confianza para creer en ella y, en consecuencia, impide que la busque y se aproveche de sus beneficios. La invisibilidad que rodea a esta veleidosa facultad distorsiona su autenticidad. Sabemos dónde tenemos situados los distintos órganos senso-

riales y las más importantes vísceras de nuestra anatomía. Se conoce la ubicación en nuestro cerebro de regiones como la hipófisis, el hipotálamo... y sus vitales funciones. Sin embargo, la imposibilidad de relacionar la intuición como algún «órgano psíquico» es lo que hace dudar a muchas personas de que ellas la posean. Esta actitud responde al principio tomasiano de lo que no se ve no existe.

Mito 2: ¿Cosas de la parapsicología?

Existe la creencia generalizada de que la intuición es un don paranormal, misterioso o místico que lo convierte en algo inaccesible para el común de los mortales ¡salvo que uno sea un «dotado»! Desde este punto de vista, el individuo intuitivo sería una especie de oráculo, un ser elegido por Dios o heredero de extraordinarias facultades ancestrales que le permitirían conocer la autenticidad de las cosas y «ver» el futuro. Se trata de la vieja idea pagana de que los dioses derraman sus dones sobre algunas personas. Sin embargo, lo cierto es que, debido a los prejuicios culturales, la gente evita en lo posible la interpretación precognitiva. Nadie sabe —a pesar de vivir en él— qué es el tiempo. Ni cómo podría viajarse a través de él para conocer hechos futuros. Como esto continúa siendo incomprensible, tampoco se admite, por lo general, la certeza de la previsión o la intuición. También dicen algunos que morimos cuando nuestro cerebro deja de funcionar, pero están equivocados: ¡hay mucha gente viva cuyo cerebro dejó de trabajar hace años!

Mito 3: ¿Apta sólo para genios?

Otro mito que prevalece sobre la intuición es que se trata de una facultad restringida a aquellos que son genios, esto es, gente privilegiada con alto cociente de inteligencia (CI). No obstante, la intuición no es un talento. No tiene nada que ver con que el CI de una persona esté por encima de un determinado nivel: la intuición es una condición básicamente humana que poseen sujetos con una inteligencia normal o media. Conviene, pues, desterrar los mitos limitantes del desarrollo de la intuición. Parece que cuando la mente procesa una idea nueva o que no comprende, lo hace del mismo modo que cuando el cuerpo trata una proteína extraña: la rechaza.

En realidad, nadie sabe lo que sabe. Ni las inferencias que de su propio conocimiento inconsciente es capaz de hacer. Poseemos un capital de datos de tal magnitud que casi nadie puede calcularlo ni utilizarlo conscientemente. Ni entender qué mecanismos los dispara a veces hacia el consciente. Lo cierto es que la intuición no aparece sin motivo. Las grandes invenciones y los más sublimes descubrimientos fueron intuitivos.

Cualquiera de nosotros ha tenido «presentimientos» o «corazonadas» (como así se llama coloquialmente a la intuición), que nos han permitido dar con la mejor solución para un complicado asunto sin que supiéramos explicar por qué o, por el contrario, nos han impulsado a evitar una situación o un proyecto que, a la postre, se revelaron nefastos. Es decir, «sabemos la respuesta a algo antes de que pensemos en ella». Pero no todos saben confiar en las intuiciones, ni distinguir las auténticas de las que no lo son. ¡Tal vez esperan a que los japoneses inventen un detector a pilas!

En consecuencia, los tres mitos son falsos. Salvo aquellos que, como Woody Allen, consideran el cerebro como su «segundo órgano favorito», la mayoría de los estudios coincide en defender el desarrollo de la intuición a base de aprendizaje. ¡Se puede ser intuitivo! De hecho, a veces, excitamos la intuición sin proponérnoslo, tanto «pensando demasiado en algo» como «sin pensar absolutamente en nada». Casi todo lo que hacemos es susceptible de poder hacerse de forma diferente, y, en muchos casos, mejor. Pero, para ello, es preciso que hombres y mujeres conecten con su cerebro tan a menudo como lo hacen con Google para obtener respuestas, libres de obsesiones y condicionamientos, olvidándose de todo, hasta de que ha llegado la hora de comer.

CLAVES PARA APRENDER A SER INTUITIVOS

- **Aprendizaje:** la intuición —conviene insistir en ello— es una cuestión de aprendizaje (aunque se desconozca en buena parte algunos de sus mecanismos). Si a través del psicoanálisis podemos estudiar las motivaciones ocultas de nuestras conductas, ¿por qué no ensayar un «psicoanálisis de la intuición»? Un estudio que nos aproxime a descubrir las conexiones inconscientes con la información que poseemos y no conocemos. O la que percibimos sin saber de dónde procede. El inconsciente —mucho más inteligente que el consciente— sabe extraer conclusiones de nuestro conocimiento más profundo, al que no somos capaces de acceder por vía consciente. La prodigiosa actuación del inconsciente es muchísimo más intrigante que el recibo de la luz o un matrimonio bien avenido.

- **Mente cerrada:** las barreras culturales —el orden, la conformidad, las normas, la rutina...— instaladas en nuestro cerebro limitan y condicionan alternativas para resolver problemas, tomar decisiones o usar la imaginación más creativamente. Cierto que el sentido del orden nos proporciona seguridad, pero para liberar los impulsos naturales es preciso «abrir de par en par nuestras ventanas mentales y resistirse a la presión social con que funciona el mundo». Por lo general, las personas actuamos psicológicamente de dos formas —de «modo cerrado» y de «modo abierto»— y en relación con ello lo que sí se puede afirmar es que la intuición difícilmente funciona bajo el «modo cerrado». En este estado actuamos la mayor parte del tiempo. Mientras trabajamos, por ejemplo. Tenemos un objetivo que alcanzar y —salvo que uno sea de estos tipos que ponen a funcionar su cerebro cuando se levantan y no dejan de hacerlo hasta que llegan a la oficina— toda nuestra concentración y esfuerzo se orientan exclusivamente a cumplir un plan determinado. Con la mente en «modo cerrado» se siente una mayor o menor tensión y, a menudo, se está incluso de mal humor. Pero nunca intuitivo.
- **Mente abierta:** en cambio el «modo abierto» es un estado relajado, expansivo, contemplativo, más inclinado al humor, que siempre facilita una perspectiva mucho más amplia de las cosas y, por lo tanto, más alegre. Es un estado

en el que la curiosidad, por su propio interés, puede ponerse en marcha y hacer volar la imaginación. Al no estar bajo la presión de conseguir terminar un trabajo rápidamente, permite que la intuición salga a la superficie. Y con mayor fiabilidad que cuando la joven y atractiva madre le dice a su joven y fogoso marido: «¿Por qué no te llevas la cunita vieja del niño? ¡Ya no la volveremos a necesitar!».

Con todo lo sugestivo que es el «modo abierto» no puede pretenderse permanecer bajo ese estado la mayor parte del tiempo. Los modos «cerrado» y «abierto» no son buenos hermanos: tienden a excluirse recíprocamente, aunque, de alguna forma, se complementan. Necesitamos estar en «modo abierto» cuando tenemos que buscar una solución a un problema o tomar una seria decisión. Pero una vez hallada ésta (el ajá), debemos conectarnos de nuevo con el «modo cerrado» para incorporarla y ejecutarla. Sin distraernos por las dudas sobre su exactitud u opiniones contrarias de los demás.

- **Resultados:** con el «modo abierto» pueden empezarse a obtener respuestas a situaciones propuestas o estímulos recibidos. Se propicia, entonces, una actitud mental parecida a la pareidolía. Se mira una nube en el cielo o un desconchado en una pared y varias imágenes acuden a la mente. La capacidad de imaginación estimulada por gráficos es, como se sabe, la base del test de Rorschach. No obstante, aquí la finalidad es bien distinta. A diferencia del célebre test, en donde se trata de evaluar una patología, ahora el interés radica en desarrollar la capacidad de generar imágenes (o ideas) en forma de intuiciones. La visión de imágenes contiene información y provoca más estímulos que todos los demás sentidos juntos. ¿No es fantástico?

- **Espacio y tiempo:** lo único que necesitamos si queremos practicar y conseguir algo provechoso del «modo abierto» son dos elementos: espacio y tiempo. a) *Espacio*: Uno no puede llegar a sentirse relajado, bienhumorado, libre e independiente, y, en consecuencia, intuitivo, si se encuentra bajo la tensión de las preocupaciones cotidianas. Por lo tanto, hay que procurarse un espacio físico tranquilo donde poder evadirse. Sin que nadie nos moleste. Olvidándonos de todo. b) *Tiempo*: No es suficiente disponer de un espacio físico. Es preciso disponer de él por un período de tiempo determinado. Aunque esta limitación no debe ser excesivamente rigurosa, ni tampoco sobrepasar demasiado el tiempo previsto. Tras este período, hay que reanudar la vida normal.

  Combinando ambos elementos, creamos un oasis de tranquilidad. Y, al apartarnos de la vida cotidiana, propiciamos las condiciones idóneas para que pueda surgir la intuición, en forma de solución a un problema o de previsión de un hecho futuro.

- **Cómo detectar si una intuición es verdadera o falsa:** en el proceso intuitivo, la mente simplemente discierne lo auténtico o lo correcto de una situación. Sin embargo, durante el aprendizaje práctico, siempre surgen dos dudas en la toma de decisiones: establecer si la intuición es verdadera y decidir qué hacer. Lo que importa destacar es que, por lo general, la intuición va acompañada de una emoción. Ésta es, simplemente, un síntoma de ansiedad. Las fuentes de emoción y la intuición están muy unidas en el interior del cerebro y es posible que sus cables se crucen. Las emociones negativas de temor y ansiedad pueden expresar, por sí mismas, intuiciones. Sería, por ejemplo, el caso de un pasajero tranquilo y habituado a coger aviones, que se siente extremadamente nervioso ante un determinado viaje; puede reflejar una intuición de que ese avión va a estrellarse y decide cambiar de vuelo.

Las emociones positivas pueden indicar intuiciones deseables («realizar un viaje de ensueño», «ganar un importante premio en las apuestas», etcétera). Un hombre y una mujer enamorados pueden, asimismo, tener intuiciones acerca del carácter o los deseos del otro. Y un científico sentir que se halla ante un revolucionario descubrimiento. Pero, en algunos casos, las emociones sintomáticas también pueden ser infundadas. Analizar la intensidad del síntoma corporal o emocional lo más a fondo posible y buscar su correlación con hechos posteriores nos ayudará a distinguir las verdaderas intuiciones de las falsas.

Sin embargo, la condición imprescindible para que una persona pueda confiar con pleno convencimiento en su intuición es que en ese momento debe estar física y psíquicamente sana. Cualquier alteración en este sentido (una gripe, estrés...) puede arruinar la calidad de la supuesta intuición. Cualquier «excitación especial» siempre planteará la duda de si es producto de la dolencia o de una intuición auténtica.

- **Estímulos mentales clave:** la emoción es sólo un acompañante de los indicios de autenticidad de una intuición, no la principal. Hay otras huellas emocionales perceptibles indicadoras de que una intuición puede ser verdadera:
1. Nos sentimos seducidos inmediatamente por ese flash de información que aparece en nuestra mente.

2. Nos arrastra ciegamente a creerla sin mayores razonamientos ni dudas. Hasta el punto de que si alguien trata de disuadirnos de su autenticidad, la defendemos con pasión. Tenemos la sensación de que si no le hiciéramos caso, nos arrepentiríamos.
3. La intuición es percibida a través de imágenes o visualizaciones. No se trata de ningún espejismo.
4. Es intelectualmente asintomática. No se tiene conocimiento ni percepción sensorial anterior. Aparece súbita y espontáneamente, sin previo aviso.
5. Transgrede muchas veces toda lógica y razón, lo que suscita dudas a los demás, pero no al receptor, a pesar de que vulnera también su propia «razón».

No hay intuiciones falsas

La intuición es uno de los principales rasgos de personalidad de la gente exitosa. Y no sólo en el sentido más comúnmente asociado a ella, como pueda ser el dinero o la fama, sino en el de «tener suerte», «atractivo personal», «carisma», etcétera. Son personas que de forma innata o aprendida son capaces de utilizar esta capacidad «inconsciente». Las que no la han desarrollado a menudo están hechos un mar de dudas, lo que dificulta la labor de tomar cualquier decisión, por pequeña que ésta sea. Tanto si se trata de buscar solución a un problema como la de colocarse en la cola más rápida de la ventanilla de Correos.

La intuición puede convertirse en un poderoso aliado de tu personalidad si, tras un aprendizaje, te habitúas a confiar en ella convenientemente. Algunas personas han creído en la intuición y se han desesperado. Hicieron caso a sus síntomas y se equivocaron. En este sentido, cabe destacar que la intuición nunca yerra. Quien comete el error es la persona intuitiva a la hora de interpretarla. Piensa que lo que le viene a la mente de una manera «especial» siempre sucede. Los intuitivos generan muchas ideas y visiones, pero cometen, como ya he mencionado errores de interpretación. No obstante, los aceptan como tributo del largo proceso de aprendizaje. Tienen la fortaleza y la confianza suficientes para seguir adelante hasta descubrir su verdadera potencialidad psíquica. Porque la intuición no es algo que pueda aprenderse mediante un curso acelerado por correspondencia.

Aun así las decepciones, en este sentido, no han de abocar al lector interesado hacia el escepticismo. Ni mucho menos hacia la incredulidad. Es cierto que no puede generalizarse sobre cuán a menudo puede aparecer la intuición, pero concédete un buen margen de tiempo para su aprendizaje y prepárate para dar a tu intuición, al menos, el beneficio de la duda. Establece una calurosa e inteligente relación con esa caprichosa zona del cerebro que está dispuesta a ofrecerte sus mejores servicios. No los desaproveches. No hagas como el protagonista de una parábola que relata el jesuita Anthony de Mello: «Un sacerdote que preparaba un sermón sobre la Providencia se vio sorprendido por una terrible inundación en su pueblo, a consecuencia de la rotura de una presa. Cuando el agua llegaba a la altura de su ventana, no quiso subir a la primera barca de rescate. El religioso argumentó lo siguiente: «No os preocupéis, confío en la Providencia de Dios». Rechazó con el mismo argumento otras dos barcas, la primera cuando ya estaba en el tejado y la segunda cuando se había encaramado al campanario. Finalmente se ahogó. Cuando subió al cielo le pidió explicaciones a Dios, le dijo que no entendía cómo no había recibido ayuda. Y Dios le dio la siguiente respuesta: «Bueno, la verdad es que te envié tres barcas ¿no lo recuerdas?».

A todos nos queda capacidad mental para este aprendizaje. Después de todo, se dice que sólo usamos el 10 por ciento del cerebro... ¿Vamos a desperdiciar el resto?

¿Puede un gato ser madre de conejos?

Los convencionalismos sociales y los prejuicios son a menudo barreras que nos impiden aprender a pensar con libertad, a razonar inteligentemente, que son dos de los pilares de una personalidad equilibrada. Para ejercitar con éxito el pensamiento no basta sujetarse la cabeza con las manos. Dicen los psicólogos que para pensar con audacia y originalidad hay que romper muchas de las barreras conceptuales que los adultos almacenamos en nuestras cabezas. Para demostrar hasta qué punto las reglas y los convencionalismos sociales son obstáculos que se interponen en el proceso de pensar, veamos un ilustrativo ejemplo.

El caso del estudiante Niels Bohr

Sir Ernest Rutherford, presidente de la Sociedad Real Británica, relata una anécdota paradigmática para aprender a pensar: «Hace algún tiempo, me llamó un colega que estaba a punto de poner un cero a un estudiante por la respuesta que había dado en un problema de física, pese a que era acertada. Yo fui elegido para dilucidar el caso. Leí la pregunta del examen que decía: "Demuestre cómo es posible determinar la altura de un edificio con la ayuda de un barómetro". La respuesta del estudiante fue: "Llevo el barómetro a la azotea del edificio y le ato una cuerda muy larga. Lo descuelgo hasta su base, marco y mido. La longitud de la cuerda es igual a la longitud del edificio. En realidad, el estudiante había planteado un grave conflicto con la resolución del ejercicio". El alumno había respondido correctamente a la pregunta, pero la respuesta no confirmaba que tuviera grandes conocimientos de física».

Quizá le pasaba con los libros lo que a la mayoría con la ternera: ¡lo que más le gusta es el lomo!

«Sugerí que se le brindara otra oportunidad al examinando. Le concedí seis minutos para que respondiera a la misma pregunta, pero con la advertencia de que, en esa ocasión, debía demostrar sus conocimientos de física. Transcurrieron cinco minutos y el estudiante aún no había escrito nada. Ante tal situación, le pregunté si deseaba marcharse pero me contestó que "tenía muchas respuestas al problema". Su dificultad era exclusivamente elegir la mejor. Me disculpé por interrumpirlo y le animé a que continuara con el examen.»

Desconocía el físico y químico neozelandés la regla número uno: «El alumno no duerme en clase: reflexiona».

«En el minuto que le quedaba escribió la siguiente respuesta: "Tomo el barómetro y lo lanzo al suelo desde la azotea del edificio, calculo el tiempo de caída con un cronómetro. Después aplico la fórmula altura = $0,5 \times A \times 12$ y así obtengo la altura". Obviamente, el estudiante obtuvo la calificación más alta.

»Tras abandonar el despacho, intrigado, le pedí al estudiante que me contara sus otras respuestas. "Bueno —respondió—, hay muchas maneras. Por ejemplo, tomas el barómetro en un día soleado y mides la altura del barómetro y la longitud de su sombra. Si medimos a continuación la longitud de la sombra del edificio y aplicamos una simple proporción, nos sale la altura del edificio."

»Sorprendido por la capacidad analítica del muchacho, insistí en que me contara de qué otra manera podía calcularse ese dato. "Tomas el barómetro —contestó el estudiante— y te sitúas en la escalera del edificio en la planta baja. Según subes la escalera, vas marcando la altura del barómetro y cuentas el número de marcas hasta la azotea. Multiplicas al final la altura del barómetro por el número de marcas que has hecho y ya tienes la altura. Claro que —añadió— también puedes atar el barómetro a una cuerda y descolgarlo desde la azotea a la calle. Usándolo como péndulo puedes calcular la altura midiendo su período de precesión. Probablemente —concluyó el alumno—, la mejor sea tomar el barómetro y golpear con él la puerta de la casa del portero y cuando abra, decirle: 'Señor portero, aquí tengo un bonito barómetro. Si usted me dice la altura de este edificio, se lo regalo'."

»Perplejo le pregunté al estudiante si no conocía la respuesta convencional al problema (la diferencia de presión marcada por un barómetro en dos lugares diferentes proporciona la diferencia de altura entre ambos lugares). Me respondió que sí, que la conocía, pero que durante sus estudios, sus profesores le enseñaron a pensar!» (El estudiante se llamaba Niels Bohr, físico danés, premio Nobel de Física en 1922.)

El ejercicio de pensar en la vida cotidiana

Pocas son las personas que no padecen algún problema en sus relaciones personales por reaccionar impulsivamente, en vez de actuar de forma adecuada: pensando. Una fórmula para abordar estos conflictos es relativizar la importancia del desacuerdo mediante el uso de la razón. «Quien no quiere razonar es un fanático, quien no sabe razonar es un tonto y quien no se atreve a razonar es un esclavo.» Así subdivide el poeta William Henry a quienes, por un motivo u otro, no aplican el razonamiento para solucionar sus problemas de relaciones personales. Cuando, por ejemplo, recibimos alguna crítica de familiares, amigos o compañeros de trabajo o percibimos algún aspecto de conductas ajenas que nos desagrada, a menudo reaccionamos irreflexivamente.

Les echamos en cara en seguida su falta de consideración o, en el peor de los casos, nos sentimos enojados, heridos o resentidos. ¡No encontramos sabiduría alguna en reservar la indignación para un día de lluvia!

Sin embargo, no es lo que nos sucede lo que hace que nos sintamos enfadados, depresivos u ofendidos, sino lo que nos decimos a nosotros mismos respecto a lo que nos ocurre. Lo advertía Sófocles hace siglos: «De todos los males, los más dolorosos son los que se inflige uno mismo». Si algún amigo, por ejemplo, después de que le hayas explicado alguna iniciativa tuya te contesta algo así como «Tu idea es estúpida» y tú le contestas furioso «¡No tienes derecho a decirme eso!», está claro que te has sentido ofendido y has tomado el comentario por lo personal, lo que puede deteriorar esa relación. Según las utilicemos, las palabras son ventanas abiertas... ¡o muros imposibles de saltar!

En este sentido, la terapia racional emotiva (TER en sus siglas inglesas) del psicólogo estadounidense Albert Ellis es un instrumento valiosísimo para resolver los conflictos que surgen en toda relación humana. La TER enseña a la gente a deshacerse de su irracional forma de ver las cosas. Se sabe que el que tiene un martillo todo lo ve en forma de clavo. Pues algo de eso suele ocurrir a los que reaccionan de una única manera (irracionalmente) ante cualquier actuación errónea de los demás. Sin embargo, hay otra forma de ver mejor las situaciones: sólo hay que ponerse las gafas correctas. Epicteto lo veía claro: «Los humanos se perturban no por las cosas, sino por la visión que tienen de ellas».

La TER basa su fundamento en que tenemos tres formas diferentes de pensar: a) irracionalmente, b) racionalizando y c) racionalmente. El pensamiento irracional es cuando no aceptamos la realidad y exigimos que la gente, la vida, el mundo, las noticias del telediario y los mismísimos guarismos de la lotería primitiva sean diferentes de como son. Rechazamos la realidad, pero la realidad es que la gente comete errores. Con la forma de pensar irracional uno está diciéndose a sí mismo: «No me gusta la realidad y debería ser diferente». Uno quisiera, en suma, que alguien avisara a la tribu: «¡Que viene el antropólogo!». ¡Y que ésta se comportara como se espera de ella!

Por otro lado, cuando el pensamiento es racionalizador fingimos que las cosas no nos molestan. Quizá nos sentimos heridos porque alguien nos ignora y nos decimos a nosotros mismos: «De todos modos, esa persona no me gustaba nada». Nos mentimos para evitar enfrentarnos a nuestros verdaderos sentimientos. Por último, pensar racionalmente es cuando aceptamos la realidad y no exigimos que las cosas sean diferentes de como son. Probablemente, desearíamos que fueran de otra manera, pero no nos ponemos furiosos cuando nuestros deseos no se satisfacen. Si tú no has aprendido a reaccionar de forma correcta no es para cortarse las venas. Si practicas la terapia emotiva racional podrás usar con eficacia lo que tienes encima de los hombros. Será como cambiarte de caballo en mitad de la carrera ¡sin que te denuncie ningún apostante!

Nada es absolutamente blanco o negro

Usando el pensamiento racional los problemas de relación se minimizan, se relativizan. Se aumenta la tolerancia ante las frases emocionalmente incorrectas. Se buscan interpretaciones lógicas que no nos molesten. Es decir, si, por ejemplo, encuentras a tu pareja en la cama con alguien que no eres tú, no te violentes. Dile a ella algo así como «Si eso es lo que quieres, que seas muy feliz». No es broma. Escenas de este estilo pueden ser muy decepcionantes para la vida de una persona. Pero lo que importa es tu salud mental. El «truco» consiste en evitar que nuestra autoestima se venga abajo, que las desavenencias amorosas, las detestables opiniones de nuestro jefe o cualesquiera otras situaciones que puedan influir de modo negativo en nuestro bienestar, las manejemos racionalmente. La idea que subyace en este tipo de terapia es, pues, la relativización, la desdramatización y la aceptación de otras realidades que, aunque no nos gusten, no tienen por qué amargarnos la existencia. ¿Quieres más ejemplos? Imagina que naufragas en el océano y llegas a una isla solitaria. ¿Cuál es la parte positiva de la tragedia?: ¡nadie te dirá nada por dejarte barba, el pelo largo y hablar solo!

La TER, por lo tanto, desaconseja las ideas absolutistas como «blanco o negro», «todo o nada», «ganar o perder». Desvaloriza creencias que mucha gente tiene en la vida como «Tengo que encontrar la pareja perfecta, si no, no me caso» o «He de hacer mi trabajo siempre perfecto, si no, nadie me querrá». Estas exigencias irracionales crean culpabilidad, vergüenza, malestar... Si porque las cosas no salen enteramente a tu gusto, las conviertes todas en una catástrofe y te pasas la vida maldiciendo, la TER es, sin duda, tu terapia. Lo que ahoga a alguien no es caerse al río, sino mantenerse sumergido en él.

IDEAS ABSOLUTISTAS QUE DEBEN REEMPLAZARSE DE INMEDIATO

- **«Necesito amar»:** sustituir por un deseo más flexible: «Me gustaría encontrar pareja, pero si esto no sucede no es el fin del mundo: tengo amigos, familia, trabajo y viajo adonde quiera».
- **«Un amigo no debería comportarse así»:** reemplazar por «Preferiría que un amigo no se comportara así, pero nadie es perfecto y he de aceptar esta realidad».
- **«Esto es un desastre»:** sustituir por otro pensamiento menos rotundo: «No me gusta nada que esto ocurra». (Estos cambios rebajan tu malestar.)

CLAVES PARA APRENDER A PENSAR

- **Conexión:** estimula tu mente para buscar metáforas, similitudes y relaciones entre conceptos o cosas que aparentemente no tienen nada que ver entre sí. Por ejemplo, compara un edificio y un árbol.
- **Descubre:** investiga, explora y escarba profundamente en una conexión que hayas hecho. Por ejemplo: ¿cómo funciona la estructura interna de un edificio o la de un árbol?
- **Aplícalo:** usa tu descubrimiento para resolver otros problemas o cubrir una necesidad que enriquezca tu vida o mejore el mundo en que vives.

6
DE LA PERSONALIDAD ÉTICA
(VALORES QUE NO COTIZAN EN BOLSA)

¿Practicas el «juego limpio» en la vida?

Vivimos en un mundo que glorifica a los triunfadores y recompensa el individualismo. Nos apresuramos a buscar el éxito, a codazos si es preciso, desentendiéndonos con demasiada frecuencia de cómo afecta nuestra conducta a las personas que nos rodean.

Los seres humanos tenemos propensión a ocultar las cosas que creemos nos perjudican, a decir medias verdades, a fingir, a edulcorar nuestras culpas o, peor aún, a exculparnos de nuestras responsabilidades incumplidas. Son comportamientos que aprendemos en nuestra infancia para tratar de evitarnos problemas. «Casi todo el mundo lo hace.» Cuando así nos justificamos se pone en evidencia nuestra falta de ética.

La conducta mentirosa nos permite sentir que controlamos la vida. Pero la falta de ética u honradez no nos permite confiar en nosotros mismos ni en los demás; al mismo tiempo, nos complica la vida tener que aparentar y controlar las mentiras que vamos coleccionando en nuestra agenda a fin de salvaguardar nuestra imagen. Las mentiras, los pretextos, las excusas y, en suma, la conducta no ética nos hacen, en el fondo, sentir mal; además, si uno no se comporta honradamente, también desconfiará de los demás, que pueden hacer lo mismo.

Dice el Tamud que «Cada ser humano tiene derecho a creer que el mundo ha sido creado para él». Si bien la felicidad y la satisfacción personales son, efectivamente, importantes, no deberíamos permitir que la obsesiva persecución de nuestras metas nos impidiera ver la importancia de practicar el «juego limpio» en la vida. Esto es, pensar que los demás también existen. Sin embargo, a menudo creemos que ese «juego limpio» (considerar las necesidades de los otros, respetar sus ideas, no ponerles zancadillas, ser transparentes en la comunicación y justos en las apreciaciones) frenará nuestro esfuerzo por conseguir lo que ansiamos. Pensamos —como Groucho Marx— que el secreto de la vida es la honestidad y el juego limpio... Si puedes simular eso, ¡conseguirás triunfar!

Pero es justamente lo contrario: jugar limpio puede en realidad acelerar el proceso de lograr lo que se quiere, estimula a los demás a apoyarnos, a corresponder con la misma moneda. La idea de una personalidad ética ha de corresponderse también con las normas de una convivencia y unos principios sociales, esto es, la de un ser adaptado a una razonable escala de valores éticos. Por lo tanto, actuar más equitativamente también puede ayudarnos a vivir una vida más feliz y saludable. Conviene no olvidar que ¡la buena salud es el ritmo más lento al que se puede morir!

«¡Esto no es justo!»

Todos creemos por instinto que lo más importante es satisfacer nuestras necesidades tan rápidamente como sea posible. Este primitivo y egocéntrico concepto de ser justo y equitativo con uno mismo empieza muy pronto. Cuando los deseos de los niños no se cumplen (pierden en un juego, tienen que ir a dormir pronto, no pueden ver un programa de televisión...), su inmediata respuesta es: «¡Esto no es justo!». Los niños consideran que cualquier cosa que contraviene sus deseos no es buena para ellos. Nunca entra en su cabeza de qué manera sus peticiones o conductas pueden afectar a los demás. Emulan a Calderón de la Barca cuando afirmaba: «¡Nada me parece justo en siendo contra mi gusto!».

Pues bien, mucha gente adulta nunca supera esta reacción infantil. Una definición madura de «juego limpio» abarca más de lo que se define como justo. El verdadero espíritu del «juego limpio» tiene siempre en cuenta las necesidades y las expectativas de aquellas personas a las que nuestras acciones pueden afectar. Tanto si ellas están o no directamente involucradas. En este sentido, lo importante es que, antes de tomar la decisión de autocomplacerte de inmediato, hayas considerado primero los sentimientos de los que pueden resultar afectados de modo negativo, y hacer lo que puedas para evitar herirlos o que perciban que han recibido un trato no equitativo. O, simplemente, molestarlos de manera innecesaria. Esta acción aumentará la calidad humana de tu personalidad y la de tu reputación de jugador limpio. Nada que ver con la de ese jugador de fútbol que presume de no insultar nunca al árbitro ¡después de ganar un partido!

Cuando alcanzas tus metas a través del «juego limpio», de tu talento y de tu esfuerzo, pocos discutirán tu derecho al éxito logrado. Jugar limpio te permite, además, dormir mejor y sufrir menos estrés, ya que tienes la conciencia tranquila. El «juego limpio» tiene también un gran impacto en las relaciones personales. Somos seres sociales que necesitamos la amistad y el apoyo de los demás para nuestro bienestar. De ahí que la gente que goza de unas relaciones armónicas fortalece su sistema inmunológico, enferma con menor frecuencia, vive más. En cambio, las personas que no practican el «juego limpio» con sus amigos, parejas o compañeros de trabajo acaban como Robinson Crusoe: aislados. Y, como señalaba Paul Valéry: «Cuando estamos solos, estamos siempre en mala compañía».

El «juego limpio», como casi todo en esta vida, puede aprenderse. Basta desarrollar una mente activa que antes de tomar decisiones que satisfagan instantáneamente tus necesidades, te «obligue» primero a reflexionar acerca de a qué personas y en qué medida puede afectarles tu decisión. Pregúntate cuáles son sus prioridades y necesidades, así como qué consideran ellas justo. Una estrategia aún más eficaz es preguntar directamente a la gente si le afectará tu conducta. Por ejemplo: «Necesito saber lo que para ti es importante en esta situación, para que la decisión que adopte sea justa para los dos». Esta consulta siempre será apreciada por tu interlocutor, especialmente, si estáis tratando de resolver un desacuerdo. Cuanto tú eres justo, esto es, juegas limpio, estás mostrando a los demás que respetas sus opiniones y que quieres apoyarlos y ayudarlos. Una conducta muy distinta a la de ese cocinero que supone que al pato le gusta la naranja ¡sin haberle consultado antes al palmípedo!

No cabe duda de que en algunas situaciones puede ser difícil determinar la mejor forma de actuar. Lo que es justo para alguien puede ser considerado injusto para otros. En tales circunstancias, es importante mostrar claramente a los demás tu disposición para resolver el problema. Si tú has hecho un claro esfuerzo para jugar limpio, te sentirás mejor y los demás también mejorarán su opinión sobre ti. Pero no te vanaglories de ello. Y mucho menos esperes que el resto del mundo te trate bien porque eres bueno. ¡Eso es como esperar que el toro no te embista porque eres vegetariano!

¿Cuál es tu «cociente de honradez»?

Recuerdo haber leído en una ocasión que un desempleado se encontró en la calle un maletín con varios miles de dólares. El hombre tuvo la honradez de entregárselo a la policía para que tratara de hallar al propietario. La reacción de sus amigos y familiares ante este noble gesto fue desalentadora. El desempleado le dijo a un periodista: «No se imagina cómo he sido ridiculizado por haber devuelto el dinero. Muchos creen que soy un perfecto idiota». Gente tan honrada como el protagonista de esta historia sería capaz de encontrar un trabajo ¡y devolverlo!

Ciertamente, vivimos en un mundo donde no reina demasiado la honradez. Basta leer los periódicos o ver los telediarios para percatarse del grado de corrupción al que se ha llegado en muchos ámbitos: el empresarial, el comercial, el político... En este sentido, los políticos son, probablemente, los que peor reputación tienen. Se ha dicho de ellos que «deberían ser mancos de ambas manos, para que no pudieran robar».

Los ejemplos personales no son mucho más alentadores. Algunas estadísticas podrían servirnos de barómetro para medir el «cociente de honradez» de una sociedad: de 100 trabajadores de grandes almacenes, 30 reconocieron haberle robado a su empresa; de 100 ejecutivos, 28 confesaron que en viajes de negocios habían cobrado más dinero del que se habían gastado o que habían abusado de la tarjeta de crédito de la compañía en gastos personales; de cada 100 huéspedes de hotel, 33 robaron toallas, sábanas, bombillas y hasta biblias de las habitaciones; y, de entre 100 estudiantes, 66 reconocieron haber hecho trampa en los exámenes. A estos ejemplos de relajada moral, podrían agregarse numerosos casos de infidelidad sexual, deslealtad y traiciones que muy pocos se atreven a confesar. Los encuestados reconocen, eso sí, que es muy importante el «juego limpio» en la vida, pero quizá piensan para sus adentros que lo es más tener mala memoria.

Otro síntoma muy revelador es la discrepancia entre lo que la gente dice y lo que realmente hace. Decía Erasmo de Róterdam que «una gran parte del arte del bien hablar consiste en saber mentir con gracia». Desde esta perspectiva, hay muchas personas que hablan maravillosamente y poseen la capacidad de convencer a los demás de sus mentiras. Son las mismas que proclaman que la honradez es la mejor política en las relaciones humanas. Tienen razón, en este campo ¡hay poca competencia! En el mejor de los casos, este tipo de «seductor» relativiza su falta de honradez, como lo hacía un operador que reconocía mentir así en su currículo: «Siempre miento porque creo que te piden más de lo que necesitan. Más que mentir, diría que lo que les aporto es esa información extra —e inútil— que ellos quieren oír. Y funciona». Ello se ajusta perfectamente a Ley de Feldman: «No mienta, robe o haga trampas innecesariamente».

Así las cosas, ¿cuál es tu «cociente de honradez»? ¿Eres un relativista moral? ¿Es la honradez tu código de conducta sólo cuando te beneficia? ¿O haces de la trampa una norma de tu vida diaria? Atrévete a contestar al test que se presenta a continuación. Sólo tienes que respetar dos reglas: sinceridad contigo mismo —nadie está observándote— y la absoluta certidumbre de que no serás descubierto...

TEST: ¿ACTÚAS COMO HABLAS?

1. ¿Has mentido alguna vez en tu currículo? SÍ NO
2. ¿Devolverías el cambio que te dan de más en una tienda? SÍ NO
3. ¿Pagarías por conseguir tu carnet de conducir saltándote todos los trámites? SÍ NO
4. ¿Recurrirías a influencias para que tu hijo, que no aprobó el examen de admisión, pudiera entrar en el colegio que tú quieres? SÍ NO
5. ¿Manipularías el cuentakilómetros de tu automóvil para venderlo a mejor precio? SÍ NO
6. ¿Comprarías un certificado médico falso para justificar una prueba? SÍ NO
7. ¿Ocuparías horas en tu oficina para estudiar una carrera o hacer trabajos ajenos a la empresa? SÍ NO
8. ¿Harías trampas en la Declaración de Renta si el importe que tuvieras que pagar te resultara elevado? SÍ NO
9. ¿Cederías tu carnet de la Seguridad Social a otra persona con el fin de que se beneficiara de sus servicios? SÍ NO
10. ¿Te tomarías un día sabático excusándote en tu trabajo diciendo que estás enfermo? SÍ NO
11. ¿Buscarías por todos los medios un certificado médico para eludir ser vocal en una mesa electoral? SÍ NO
12. ¿Harías notar el error si en el restaurante o supermercado te cobrasen de menos? SÍ NO
13. ¿Tienes una moral flexible para ti mismo y otra más intransigente para los demás? SÍ NO

Resultados:

Cero síes: ¡Enhorabuena!. Los que te conocen pueden descansar tranquilos contigo. Eres una persona legal y honrada. Sin embargo, los desconfiados pondrán en solfa tus resultados basándose en la siguiente reflexión: «Una persona honrada lo es, probablemente, porque no ha tenido la menor oportunidad de dejar de serlo».

Entre 3 y 6 síes: No basta ser honrado a ratos o parecerlo ante la sociedad. Da la impresión de que valoras la honradez sólo cuando te parece o te interesa. ¡Ya te habrás dado cuenta de que es más fácil luchar por unos principios que vivir de acuerdo con ellos!

Más de 6 síes: No eres un tipo confiable, pero hay que agradecerte tu sinceridad. Con la verdad se va a todas partes... ¡incluso a la cárcel!

CLAVES PARA JUGAR LIMPIO EN LA VIDA

- **Sé abierto y honesto:** un componente básico del «juego limpio» aplicable tanto al terreno personal como al profesional es la transparencia. La mayor parte de la gente sabe y entiende qué factores intervienen en la toma de una decisión. Si actúas honestamente, el resultado que obtendrás será el de más cooperación por parte de los demás. La honestidad es la mejor política en la vida: ¡apenas tienes competencia!

- **Busca una norma externa:** cuando tú y otra persona no os ponéis de acuerdo en lo que sería justo en una situación dada, busca una autoridad objetiva que os ayude a resolver el dilema y os satisfaga a ambos. El objetivo en cual-

> quier desavenencia es que las dos partes se sientan cómodas con el acuerdo alcanzado. Si el resultado únicamente satisface a una de ellas, se asemeja a la porción de tarta que te corresponde cuando tú eres el que reparte.
> - **Recuerda que eres un «ser humano»:** la persona noble se esfuerza en vivir con una personalidad íntegra. La persona vil sólo se esfuerza para ser feliz ella, buscando exclusivamente los seres y las cosas que puedan satisfacerle de forma inmediata. La clave ética radica en armonizar las necesidades personales con las de los demás, si no, nos estaríamos rebajando al nivel del animal. Lo dijo Moseh ben Thibon: «No tiene mérito ser piedra, bestia, o ángel: sólo lo tiene ser humano».
> - **No mientas:** no mientas en ningún aspecto. Di la verdad procurando que tus palabras inflijan el menor daño posible a tu interlocutor, si aquéllas pudieran ser ofensivas para éste. La mentira es siempre una distorsión de la realidad; con ella no sólo engañas a los demás, sino que te engañas a ti mismo.

Ombliguismo sin petulancia

En esta era de teléfono móvil, correo electrónico y fax, muchas personas están constantemente conectadas con otras para informarse en todo momento de todo. Esta neurosis moderna, que nos obliga a estar «operativos» todos los minutos de nuestra existencia, nos impide reconocer que también nosotros necesitamos un tiempo de soledad para reflexionar, actualizarnos, saber de nosotros mismos, entender cómo pensamos y sentimos, y adónde queremos ir... Las numerosas exigencias de la sociedad actual nos han generado el hábito de orientar la mayoría de nuestras conductas y nuestros pensamientos hacia el exterior. Incluso cuando nos disponemos a dormirnos pensamos en las cosas que nos han ocurrido durante el día, no en lo que sentimos o en las causas por las que reaccionamos de una determinada manera y no de otra. Pero si aspiramos a tener una personalidad independiente, equilibrada, previsora y fortalecida ante los futuros avatares de la vida debemos saber si nos bastamos a nosotros mismos y si somos capaces de vivir solos o, al menos, estar solos durante un tiempo. Como dice un proverbio chino: «Hay que excavar el pozo antes de que tengas sed».

Así, por ejemplo, la generalizada adicción actual a la televisión demuestra que la gente está dispuesta a ver cualquier cosa con tal de no verse a sí misma, de no encontrarse sola. Parece que, efectivamente, hay miedo a enfrentarse a uno mismo (sólo nos vemos las caras al lavarnos los dientes). O ignoramos la importancia que tiene buscar un tiempo de reflexión en nuestras vidas o ambas cosas a la vez. Esta sociedad nos empuja a la comunicación, a recibir información, no a la introspección. No obstante, la necesidad de conectar con los demás es tan universal como la de aislarse periódicamente para descansar o pensar en nosotros mismos. ¡Isaac Newton descubrió la Ley de la gravedad mientras reposaba solo, plácidamente, a la sombra de un árbol!

Viaje al interior de uno mismo

Un tiempo de soledad para meditar nos proporciona la oportunidad de relajarnos física, emocional e intelectualmente; restablecer nuestra integridad. Pensar sobre las creencias y los valores que más nos importan. Renovar nuestra energía y alimentar la curiosidad o de convertirnos en los jardineros de nuestra mente para eliminar la maleza. Pero nuestro estilo de vida concede tanto valor a la acción y a la productividad, que la mayoría de la gente se siente culpable si se toma un tiempo para meditar o mirarse a sí mismo. Y si, por casualidad, descubrimos a alguien ensimismado, pensamos que lo más probable es que esté pensando en la cena. Necesitamos un tiempo para descubrir nuestro particular tesoro espiritual: el conocimiento de uno mismo. Y tampoco basta esperar al fin de semana o las vacaciones anuales para pensar en uno mismo. Es preferible programarse un tiempo de reflexión para cada día. ¿Que cómo hacerlo? Existen miles de fórmulas...

Paséate por un parque lenta y silenciosamente, pero sin destino. Y si algo atrae tu atención —una hoja, una piedra o un desconchado en una pared— detente a analizarlo, como haría cualquier niño. O tómate un baño a la luz de una vela. O siéntate bajo un árbol. O túmbate en tu cama mirando ociosamente el techo de la habitación... Cualquiera de estas experiencias puede ser suficiente para desconectarte de tus preocupaciones cotidianas y dejar libre la imaginación para viajar al interior de uno mismo. Cualquiera puede hacerlo, ¡aunque algunos crean que sólo pueden tener vida interior las mujeres embarazadas!

Con estas o parecidas fórmulas forzarás tu lado creativo para regenerar tu vida personal o profesional. No sólo dispondrás de tiempo para analizar tus actitudes y sentimientos. El tiempo de reflexión te servirá también para encontrar ideas y soluciones para tus problemas, que, seguramente, por las prisas diarias, permanecen ocultas ante tus ojos. Y desde ningún punto de vista conviene estar ciego.

Todos nosotros hemos tenido la experiencia de perseguir unas metas o luchar con un problema sin éxito. Sin embargo, la respuesta nos ha llegado después de aislarnos algún tiempo. Estar conectado permanentemente al trabajo o a las preocupaciones cotidianas embota nuestra manera de razonar y, consecuentemente, la de actuar. Pensamos tan poco en nosotros mismos que pueden pasar meses, por ejemplo, sin percatarnos de que necesitamos cortarnos el pelo o las uñas de los pies. O tomamos una medicina caducada hace un año, creyendo que nos puede curar el catarro del año pasado.

El tiempo de reflexión personal es tan esencial en la vida, que la mayoría de las religiones tienen instituido un día de descanso. La meditación se ha asociado a doctrinas o religiones como un medio de encontrar el sentido de la vida o entender el mundo. Sin embargo, tú no tienes por qué ser religioso para beneficiarte de ello. Puedes practicarla periódicamente, con independencia de cualquier religión o filosofía, siempre que la necesites. Tu nivel de irritabilidad puede ser también un buen baremo para saber cuándo necesitas un tiempo de reflexión. Por ejemplo, cuando, en vez de dialogar con tu pareja, o con tus hijos, los invitas a «meditar» con la amable fórmula de: «¡Siéntate y calla!».

CLAVES PARA ENCONTRARTE A TI MISMO

- **Comprométete:** tal vez no puedas apartarte de tus responsabilidades un día completo. Pero el *tiempo de reflexión* puede ser tan breve como una hora. Incluso media hora puede ser suficiente. Pero comprométete a respetar el tiempo elegido. ¡«Mañana» suele ser el día más atareado del año!
- **Aíslate:** vivimos en una época en que casi todo lo que hacemos es interrumpido. Recuérdate a ti mismo y recuérdalo a los demás que tu *tiempo de reflexión* es importante. Casi innegociable. Apaga el televisor y el ordenador. Desconecta el teléfono. Quita de tu vista las llaves del automóvil. Adopta una actitud pasiva aislándote. ¡Encerrándote en el excusado si es preciso!
- **Persevera:** si no estás acostumbrado a estar solo, puedes sentirte un poco aburrido al principio. Permanece así. Después de unos minutos sin estímulos externos, empezarás a redescubrir recursos que tienes, pero que habías olvidado. ¡Y sin necesidad de ir al Tíbet!
- **Escucha música:** escuchar música adecuada (suave y tranquila) es una de las formas más comunes de practicar la relajación. La capacidad evocadora de la música puede propiciar la asociación con hechos pasados de tu vida que supusieron bienestar, lo que repercutirá corporal y anímicamente en tu ser. Comprueba, tras la sesión, cómo ha

cambiado tu estado de ánimo respecto al inicio de la experiencia.
- **Disfrútalo:** el *tiempo de reflexión* no debe sentirse como un castigo. Piensa sobre las ideas o los pensamientos que pueden enriquecer tu vida, o el placer que puede proporcionarte una saludable ociosidad («descanso consciente»). O, simplemente, la pura contemplación de las estrellas. Se sabe que la comunicación crea un estado de profunda relajación en muy poco tiempo. El proceso se basa en algo tan sencillo como concentrar toda tu atención en una sola cosa o en un solo objetivo, en un lugar silencioso y una posición cómoda. Una buena bibliografía en este sentido te ayudará a entrenarte en esta disciplina y a sacar el mejor rendimiento a la misma para tu propio desarrollo personal.

¿Es misteriosa y suprema «la voz de la conciencia»?

«Comienza el juicio, ¡que pase el culpable!» Así se expresaba un cáustico jurista convencido de interpretar correctamente el dictamen de su conciencia. Son muchas las personas que atribuyen a la voz de la conciencia el papel de «guía de su vida». Así, la tienen mitificada y se aferran a ella para defender a ultranza su actitud o comportamiento. Sin otro razonamiento que la tradición, la costumbre, su religión o su «instinto personal». Consideran la conciencia el súmmun de la conducta ética. Pero lo difícil no es defender la conciencia sino conocerla... De igual modo, cualquiera puede hoy criticar o juzgar comportamientos ajenos amparándose en la «voz de su conciencia». O negarse a adoptar, por la misma razón, una determinada acción. O, más aún: decidir no cumplir una ley emanada de un sistema democrático declarándose «objetor de conciencia». Como si lo que le dictase ese «contestador automático interno» fuera una ley suprema a la que nadie pudiera contrariar o subestimar, ni que decir tiene discutir o rechazar. Los que consideran a su conciencia inobjetable son como los buenos abogados: ¡unos habilidosos en burlar la ley!

Se nos ha enseñado a creer, no a razonar
La conciencia moral (o norma social) no es otra cosa que el conjunto de valores reconocidos en determinados grupos o sociedades, en forma de prescripciones, a veces no escritas, que rigen el comportamiento. Distinguir entre el bien y el mal es fundamental para vivir en sociedad. Respetar esas normas se premia y transgredirlas se castiga en el ámbito social en el que rijan. ¿Por qué a una forma tan subjetiva —Pirandello decía que «la conciencia no es más que otra persona dentro de uno»— de interpretar la realidad, como es la conciencia moral personal, le atribuimos poderes tan supremos e irrebatibles? ¿Por qué le concedemos «razones más elevadas» o «éticamente superiores» que las que se derivan de cualquier otra reflexión? Sencillamente, porque son muchos los que desconocen qué es y cómo se forma esa misteriosa voz interior. Si hicieran un esfuerzo por considerar la influencia en sus vi-

das de las relaciones humanas, comprenderían que son éstas las que determinan las futuras acciones personales, familiares, colectivas y generacionales. Se nos ha enseñado a creer, no a razonar. Y somos poseídos por las creencias. La conciencia moral, pues, no es una voz misteriosa. Ni un don divino. Ni un ente superior que preside nuestro psiquismo al que hay que respetar u obedecer ciegamente si no queremos que nos remuerda. Tampoco es innata. ¿Qué es, entonces?

Para la psicología moderna y empírica, la conciencia moral es el resultado de la educación recibida y la experiencia que cada persona vive en el medio sociocultural en el que se desenvuelve. Conforme a la moral general, existen deberes de la persona respecto a la nación, la familia, el ejército, la profesión, etcétera. Es, por consiguiente, un concepto adquirido que nos condiciona. ¡Y de qué manera! ¿Os imagináis que la actuación de un fanático de la religión, la política o el fútbol, por citar sólo unos ejemplos típicos, bajo los dictados de su conciencia nos pille a la contra y sin casco de seguridad? Baste recordar la reciente actitud del pastor de Florida Terry Jones, que estuvo a punto de montar una conflagración mundial por su pretensión de quemar libros del Corán. Si la conciencia es la «única guía» de nuestra vida, ¡podemos hacer el mal bien y el bien mal!

La hindú Vimala Takar contaba su ejemplo: «Éramos tres hermanos. Cada vez que nos portábamos mal, cosa no habitual, eran mis padres los que ayunaban y meditaban. Suponían que alguna acción o proceso vivido por ellos había determinado algún desajuste en la conducta de sus hijos». Me parece que en este ejemplo hay más sabiduría que en cualquier norma de conducta punitiva occidental (al estilo de: «deberías avergonzarte por lo que has hecho». ¡Como si esta humillante recriminación fuera a ayudar al niño!). Los padres, profesores y adultos desempeñan, en efecto, un importante papel en la formación de nuestra conciencia. Ésta se configura gracias a un proceso de *condicionamiento instrumental*. Por medio de recompensas, sonrisas, elogios o castigos los niños y adolescentes empiezan a tomar perspectiva de lo que es correcto o no. De lo que está bien o mal. Por lo tanto, la mayoría de los jóvenes manifestará opiniones políticas, religiosas y sociales muy similares a las que tiene su familia. Incluso aunque sus padres no deseen transmitir ideas concretas a sus vástagos, la conciencia de éstos se formará mediante el proceso de *modelado*, es decir, observando simplemente los ejemplos de sus progenitores. Porque otra forma de modelar la conciencia también es, efectivamente, el ejemplo, ¡aunque a veces sea un ejemplo espantoso!

La sola mención de la conciencia, por parte de muchos objetores, se relaciona con motivos «elevados» o «superiores» a cualquier otro razonamiento legal, social o psicológico. Pero la conciencia, como hemos apuntado, es una actitud aprendida que nada tiene que ver con un «sentido de superioridad cultivado», sino con la fuerza del hábito. La razón de la conducta de objetores de conciencia en el ámbito religioso, profesional, militar o social no es otra que la búsqueda de aceptación social de su grupo. El deseo de que los demás piensen bien de ellos. A veces, su conciencia actúa como un aviso de que alguien puede estar observándolos. ¡Todos somos buenos cuando nos están mirando! De acuerdo que la ley debe ser combatida en algunas ocasiones o incluso no ser siempre respetada en casos de evidente contradicción con los derechos humanos. Puede ser injusta y habrá que luchar para abolirla. Pero tampoco puede apelarse siempre a la propia «voz de la conciencia» como si fuera el juez supremo de todo conflicto, porque caeríamos en grotescos subjetivismos: «Me niego a pagar impuestos porque está en contra de mi conciencia» (sustitúyase «conciencia» por «bolsillo»). O, como se defendía Bill Clinton de su adulterio: «El sexo oral no constituye infidelidad porque no hay penetración, ¿okey?». Si aceptáramos como dogma que hay que obedecer a la voz de nuestra conciencia, ello legitimaría cualquier acto cometido en nombre de cualquier conciencia. Por esta regla de tres, cualquier acusado de un delito, por grave que éste fuera, podría justificar su comportamiento porque obedece a su conciencia. Podría ser «la venganza por una ofensa», «una necesidad económica», «un impulso irresistible», «la sociedad me ha tratado mal». Podría hasta degollar a alguien casposo porque su conciencia es enemiga de la caspa. Un pensador o un hábil abogado puede justificar así cualquier vulneración de las reglas de convivencia. Lo que daría la razón a Paul Valéry cuando decía: «No sé qué es la conciencia de un tonto, pero la de un hombre intelectual está llena de tonterías». Y es que siempre hay una forma correcta y otra equivocada de hacer las cosas, pero, para algunos fanáticos, ¡la errónea siempre parece la más razonable!

La conciencia ética es la respuesta a «¿Qué debo hacer?»

Sin embargo, si queremos desarrollar una personalidad en verdad ética, debemos relativizar la importancia de los principios heredados y/o adquiridos socialmente, cuestionar su validez cuando éstos colisionen o entren en contradicción con los de los derechos humanos, lo que puede ocurrir muchas veces. Muy especialmente, cuando la conciencia moral —moral y ética parecen lo mismo, pero no lo son— está forjada dentro de los intereses religiosos, familiares, educacionales, militares, políticos, profesionales, empresariales, etcétera, en vez de estar orientados al bien común de la sociedad y en defensa de los derechos humanos. Por otro lado, hemos nacido con un potencial de obediencia peligroso tanto para nuestra propia evolución ética y de pensamiento como para la de los demás. La esclavitud de millones de negros, el uso de la bomba atómica en Hiroshima y Nagasaki, el exterminio de los indios en América, el holocausto nazi, por citar ejemplos bien conocidos, tuvieron su origen en la obediencia a la autoridad política o religiosa. El deseo de controlar las conductas del ser humano por medio de normas o códigos es tan antiguo como la propia humanidad, códigos o normas que se han incrustado en la conciencia de muchas generaciones a lo largo de la historia.

Es por ello que la personalidad ética no abusa del cómodo recurso de apelar a la conciencia moral ante cualquier conflicto (aborto, milicia, pena de muerte, eutanasia, pobreza...). La persona ética piensa y reflexiona por sí misma. No toma automáticamente las normas heredadas o aprendidas que parecen de «obligado cumplimiento» para justificar cualquier acción o decisión personal, sino que se detiene en analizar los factores y el origen de cualquier problema que afecte al ser humano. Tiene en cuenta la cultura, las circunstancias y las necesidades de cada caso particular. Sabe que hay que reflexionar, porque, algunas veces, lo que ahora es bueno mañana puede ser malo y viceversa.

¿Cuál sería entonces la definición de lo que está bien?, se pregunta el pensador Osho: «Está bien aquello que está en armonía con la existencia y lo que no está en armonía con la existencia está mal». Pero, al margen de esta filosófica reflexión, hay que considerar que, en una verdadera sociedad democrática, no es posible apelar a un derecho de objeción de conciencia, de carácter general, para eludir la obligación de respetar los derechos que la sociedad ha otorgado a los ciudadanos. Si una ley democráticamente consensuada defiende los derechos humanos, el interés común, la responsabilidad personal y social, y combate la discriminación sexual, racial... o cualquier otro fenómeno de alienación humana, ninguna conciencia personal puede estar por encima de la obediencia a esa ley.

Sólo la ética —y no la moral particular de las religiones o de otras comunidades influyentes en la sociedad— puede crear las normas y los principios generales o universales de la convivencia humana. Se trata de interiorizar, a través de la educación en la primera infancia y también mediante las graduales experiencias individuales, positivas y negativas, en su entorno vital, los valores éticos aprehendidos hasta convertir a la persona en ciudadano del mundo. La persona ética tiene siempre presente una regla de oro bien conocida: «No hagas a los demás lo que no quieras para ti».

CLAVES PARA APRENDER A DUDAR DE TU PROPIA CONCIENCIA

- **Comparación social:** encerrarte en tu propia conciencia o ideal de virtud creyendo que es la única verdad no es la mejor postura. Es preferible compararse con la voz de otras conciencias. Pero, cuidado, si los demás coinciden con tus mismas creencias no pienses que estás en lo cierto, duda como Mark Twain: «Cuando la mayoría está de acuerdo conmigo siento que debo de estar equivocado».
- **Reduce tus prejuicios:** la conciencia es, simplemente, el presentimiento de una sensación desagradable asociada a actos particulares. Sin embargo lo más importante es saber que tales presentimientos son aprendidos. No son la voz suprema de la Moral. Por lo tanto, vivir siempre anclado en lo que dice tu conciencia es como conducir un automóvil con el freno de mano echado: ¡puedes detener tu progreso!
- **Aplicación práctica:** la conciencia ética predispone a la persona a actuar de manera equilibrada entre su visión del

> mundo y los hechos que está percibiendo en el momento presente. Como si dispusiera de un piloto automático, sin necesidad de ejercitar inteligencia alguna, basándose solamente en los valores humanos ya interiorizados. Una personalidad ética tiene capacidad para discernir lo bueno y lo malo, tanto para sí misma como para la sociedad en general. Si ya no tienes dudas, aplícala ya.

La moda del racista sutil*

¿Por qué tenemos prejuicios? ¿Por qué mantenemos creencias negativas sobre otras razas o etnias que apenas conocemos? El prejuicio, como el estereotipo, es un atajo mental que hay que erradicar si queremos evitar graves consecuencias en la convivencia social. Ser racista (aunque sea sutilmente) es un rasgo negativo de la personalidad.

Permitidme que empiece con una historia sorprendente que me contó una amiga. Sucedió en un vuelo de la British Airways entre Johanesburgo y Londres. Una señora blanca, de unos cincuenta años, se sienta al lado de un señor negro. Visiblemente alterada, llama a la azafata. «¿Cuál es el problema?», pregunta ésta. «¿No lo está usted viendo? —responde la viajera—. Me han colocado al lado de un negro. No puedo estar

---

* Este artículo, excluyendo el polémico caso del directivo alemán Thilo Sarrazin, recibió Mención de Honor en el Concurso Europeo de Periodismo de la Unión Europea 2007.

al lado de esta gentuza. Deme otro asiento.» «Por favor, señora, cálmese —replica la azafata—, casi todas las plazas de este vuelo están ocupadas. Voy a ver si hay alguna disponible.» La joven vuelve minutos después. «Señora, como sospechaba, no hay plazas libres en clase turista. He hablado con el comandante y me ha confirmado que no hay plazas en *business*, pero aún queda una en primera clase.» Antes de que la señora pudiera hacer algún comentario, la azafata continúa: «Resulta excepcional que la compañía conceda un asiento de primera clase a un pasajero de clase turista, pero dadas las circunstancias, el comandante considera que sería escandaloso obligarle a sentarse al lado de una persona tan detestable». Y, dirigiéndose al negro, la azafata añadió: «Por lo tanto, señor, si fuera tan amable, recoja sus pertenencias que el asiento en primera clase le espera». Los pasajeros que presenciaron asombrados la escena, se levantaron y aplaudieron.

«Yo no soy racista»
(¿a quién no le suena esta frase?)
Como los viajeros de la British Airways (enhorabuena a su tripulación), son muchos los que estarán de acuerdo con el ejemplar desenlace de este conflicto, aunque ignoren que casi todos padecemos, sin saberlo, algún tipo de prejuicio. Pero empecemos por el principio: ¿qué es un prejuicio? Es una actitud negativa hacia los miembros de algún grupo social o racial. Quienes lo cultivan tienen formado un «criterio cerrado» acerca de sus víctimas que no sólo les impide modificar esa

información, sino que, con el tiempo, sus sentimientos de rechazo u odio se refuerzan. El cerebro de un prejuicioso confirma, al menos en su caso, que procede del mono ¡aunque éste se enoje por la teoría!

Antes, la gente no tenía escrúpulos en manifestar abiertamente sus prejuicios racistas. Era como una reafirmación de su identidad («Molesto, luego existo»). Sin embargo, debido a que en las últimas décadas ha disminuido de manera notable la discriminación (la más grave consecuencia del prejuicio) y no está socialmente bien visto mostrar estas tendencias, ha surgido la figura del «racista sutil», una forma indirecta de racismo, pero igualmente perniciosa: es el que proclama la igualdad, por ejemplo, entre blancos y negros, pero sigue desconfiando de éstos. Como decía un taxista de Nueva York: «Los negros sólo inspiran confianza si llevan niños o el *Wall Street Journal* bajo el brazo». O el que defiende la convivencia con los negros, pero prefiere no tenerlos de vecinos. Para muchos hombres «racistas sutiles», no ser racista significa ¡que no les importaría acostarse con una negra! Y para muchas mujeres, no ser racista equivale a decir que no les importaría que una chica blanca se casase con un negro ¡siempre que no fuera su hija!

La discriminación del «racista sutil» abarca muchos ámbitos. Es también el empresario que valora más la contratación de un blanco que la de un negro, cuando las aptitudes profesionales de ambos las ha evaluado sólo por el color de su piel. O cuando alguien rechaza sin motivo hacer un favor a un negro y se apresura a afirmar que su negativa nada tiene que ver con su raza. Y lo justifica con la frase «Tengo muchos amigos negros» (la que empleó el ex seleccionador nacional de fútbol Luis Aragonés cuando insultó a un jugador inglés). Los racistas se delatan claramente a sí mismos, como el pirómano al que se le pregunta: «¿Qué rescataría de un incendio?» y responde: «¡El fuego!».

El «racista sutil» no expresa ahora públicamente sus sentimientos negativos —desprecio, odio o asco— hacia los negros (u otras razas) para que nadie pueda acusarlo de racista. Es más, se apresura a desmentirlo con la frase «Yo no soy racista». Necesita manifestar lo contrario de lo que es y siente para proyectar una imagen socialmente aceptable y políticamente correcta. Frase que le convierte, cuando menos, en sospechoso de racismo, porque el «racista sutil» suele hablar «de los negros» no «con los negros». Muchos de los que tienen a flor de piel la frase «Yo no soy racista» podrían ocupar una jaula de monos en el zoo. ¡Nadie notaría la diferencia!

Diversos factores alimentan el prejuicio. Por una parte, la falta de introspección. Debido a que tenemos una capacidad de análisis limitada, nos resulta muy cómodo acogernos al «atajo mental» para evaluar y calificar a los demás. En segundo lugar, el legado de la esclavitud («Los negros son una raza inferior») es una marca casi indeleble que aún permanece en el inconsciente colectivo de los blancos. En este sentido, como un ejemplo entre mil, cabe referirnos al reciente caso del directivo alemán Thilo Sarrazin, que tuvo que abandonar el cargo tras el escándalo provocado por sus tesis racistas. El que fue también responsable de Hacienda del gobierno regional de Berlín ocasionó un fuerte revuelo en su país al afirmar que los inmigrantes musulmanes son menos inteligentes que los alemanes de otras ascendencias. Al estar los musulmanes camino de convertirse en una mayoría social, esto haría, según él, que el cociente intelectual medio alemán ¡fuese menor! ¡Cuánta saliva malgastada a costa del racismo! Y, por último, los prejuicios crean expectativas negativas e irracionales que se generalizan a todos los miembros de un grupo. Siempre se espera de ellos conductas erróneas al creer que no son personas confiables. ¡Sólo en los perros no puedes confiar para que te cuiden la merienda!

> **CLAVES PARA ERRADICAR LOS PREJUICIOS RACISTAS**
>
> - **Aprende a no odiar:** los niños no nacen prejuiciosos. Se hacen racistas a través de los padres (a menudo quieren convertir a sus hijos en una copia de ellos) y de otros adultos. Evitemos servir de modelos prejuiciosos y llamemos la atención a quienes quieran contagiarnos sus ideas irracionales o cuenten chistes racistas que nunca deben ser reídos. ¡El que se ríe de las desgracias ajenas merece padecerlas!
> - **Cuida tu salud desprejuiciándote:** los prejuiciosos viven en un mundo lleno de miedos innecesarios, de angustias, alteraciones emocionales y peligros (temen un ataque de los grupos a los que denigran). Los prejuicios, algo común en casi todas las sociedades, producen daños tanto a sus víctimas como a aquellos que los mantienen. Reflexiona sobre estas estereotipadas creencias e interactúa si pue-

des con otros grupos (el aumento del contacto mejora con frecuencia la percepción del otro), a fin de conseguir suficiente información para eliminar el prejuicio. ¡Quien no se atreve a razonar es esclavo de sus prejuicios!

- **El racismo engendra ignorancia:** el mantener un «criterio cerrado» y la falta de introspección impiden tu evolución intelectiva. Abre, pues, las puertas de tu pensamiento. ¡Para reflexionar más alto y más profundo no es preciso viajar en avión y submarino respectivamente!
- **No fomentes el «racismo sutil» o «simbólico»:** el número de personas que en las encuestas afirma no ser racista aumenta. Pero no es un dato fiable. ¿Quién garantiza que las respuestas son sinceras? Las actitudes discriminatorias siguen percibiéndose de forma indirecta. Presta atención a quien enfáticamente dice frases como «Yo no soy racista» o «Yo no tengo nada contra los negros (o gitanos, africanos, sudamericanos...), pero el trabajo es en primer lugar para nosotros». Así conocerás con qué clase de personas te relacionas. Y, obviamente, no les rías los chistes racistas, aunque vengan precedidos del consabido «Yo no soy racista».
- **Ejercicio cognitivo:** una técnica para reducir el prejuicio consiste en desarrollar mecanismos cognitivos. Si piensas más en los atributos personales de cada persona que en el grupo social o raza a la que pertenece, probablemente, se reduzca la intensidad del estereotipo. La personalidad equilibrada no sólo no basa sus juicios sobre los demás en tópicos, sino que no se da cuenta de las diferencias físicas, psíquicas o sociales de la gente (raza, etnia, orientación sexual, grupo social o defectos físicos).

¿Se puede ser ético a medias?
(Altruismo *vs.* egoísmo)

¿Es bueno ser importante o es más importante ser bueno? La respuesta a este interrogante está clara para una persona altruista. Probablemente, ayudar a los demás sin esperar recompensa alguna —e incluso implicando muchas veces altos costes para quien cultiva este valor— sea uno de los rasgos de personalidad que atesore más inteligencia. Aunque en los tiempos que corren no abunde la tendencia a pensar en el bienestar de los demás y en defender sus derechos. Y es que la gente carente de altruismo, en un caso de emergencia, tiende a pensar que ella no tiene por qué involucrarse. Que todo lo que ocurre (lo malo, obviamente) es responsabilidad de las autoridades. O que la interpretación del hecho en cuestión no es tan grave como para requerir su intervención. Y, si, ocasionalmente, el individuo carente de altruismo se presta a ayudar, lo hace porque hay testigos presentes (recordemos: «Cuando mira el jefe todos somos buenos»). Aunque, a medida que éstos aumentan, la percepción de su responsabilidad personal en la situación también se diluye en el resto de la masa social de observadores («¿Por qué yo y no los otros?»). Desde que se inventaron las excusas, ya nadie parece quedar mal...

Yo, yo, yo y los demás
¿Por qué hay personas reticentes a ayudar a los demás en cualquier situación (accidente de tráfico, ataque de

un delincuente, emergencias en general, apoyo moral o económico...) o que incluso, hipócritamente, ignoran la situación? Entre las justificaciones más comunes que emplean las personas no altruistas son:

- La situación no requería mi ayuda.
- Ya había suficientes personas en el lugar para prestar ayuda.
- Carecía de la preparación o capacidad necesarias para brindar la ayuda.
- No me percaté de la gravedad de la situación.

Estas racionalizaciones tienen el propósito de demostrar que su actitud negativa estaba justificada y que no era debida a una falta de empatía o de solidaridad con las víctimas. Es probable que cada persona reticente a prestar ayuda enfoque de forma distinta el problema para exculparse de su falta de implicación. Pero esta falta de ética se debe a que la persona sin altruismo evalúa rápidamente los costos de su posible intervención y evita su participación cooperadora por el riesgo físico o moral que supone correría si brindase su ayuda. La evaluación negativa de costos que aquélla pudiera percibir es, pues, la que determina la decisión de no ayudar a una persona víctima de alguna emergencia. (Si uno se quiere demasiado a sí mismo no tiene espacio para querer a los demás.)

La valoración de costos —siempre que le dé tiempo a la persona no altruista a realizar mentalmente la «operación»— es el mecanismo de defensa racionalizador del que, consciente o inconscientemente, se valen los que así actúan para tratar de engañarse a sí mismos y a los otros. Los no altruistas se olvidan de que preocuparse por el bienestar de los demás suele ser legítimo, y, en algunos casos de emergencia, obligatorio. Hay riesgos que uno no puede permitirse correr y riesgos que uno no puede permitirse dejar de correr si se considera no ya altruista, sino, simplemente, un ser humano.

¿Son los altruistas unos egoístas?
Sin embargo, al margen de las conductas sociopáticas anteriores, los psicólogos sociales muestran aún sus dudas sobre la existencia de una personalidad altruista pura. Creen que la ayuda a los demás siempre está motivada por el egoísmo. Que en la aparente ayuda desinteresada hacia los otros pueden existir motivos egocéntricos. Que, en el fondo, los altruistas siempre persiguen colgarse una medalla en el pecho. Suele decirse esto de algunos de los famosos que tienen conductas altruistas. No obstante, entre éstos, también los hay de signo contrario. En este sentido, el actor George Clooney, embajador de buena voluntad de la ONU, afirmaba: «Me da mucho pudor. Uno no debería recibir un premio por hacer lo que debe hacer». Y, otro, como el también actor Sean Penn, se dedicó, durante el huracán *Katrina* en la inundada Nueva Orleans, a rescatar a gente, sin que apenas nadie le reconociera. Por lo tanto, las preguntas y las dudas que se suscitan al respecto entre estos especialistas son: ¿por qué unas personas ayudan a otras algunas veces y otras no? ¿Es

todo acto prosocial realmente no egoísta? ¿Se es altruista para lograr un reconocimiento de los demás? ¿Satisfacen los altruistas con su conducta ética una fuerte necesidad de aprobación social? ¿Actúan los altruistas así para sentirse personalmente gratificados? ¿Corren riesgos ayudando a los demás para poder salir luego en la televisión? O, por el contrario, ¿lo hacen sólo para obtener el puro placer de hacer el bien...?

Efectivamente, hay una casuística evidente de cómo, en algunas ocasiones, el comportamiento de ayuda a los demás viene motivado por la gratificación o satisfacción personal («Soy una persona honesta y debí actuar como lo hice»); por evitación de culpa o remordimiento de conciencia («Me hubiera atormentado si dejo de prestar ayuda, y habiéndola prestado, siento que he cumplido con mi deber»). Asimismo, otros argumentos críticos, que alimentan la ambigüedad de lo que el filósofo Augusto Compte definió como «personalidad altruista», defienden que los seres humanos que tienden a ayudar a los demás lo hacen cuando son: a) personas que les agradan (amigos, colegas...), b) personas físicamente atractivas, c) personas semejantes (mismo género, grupo social...) y d) personas que lo merecen (víctimas de situaciones evidentemente injustas que inspiran compasión). Cualquier factor que incremente la atracción, también aumenta el impulso de ayudar. Al margen de esta discusión sobre los factores motivacionales del altruismo, puede mejorarse la personalidad humanitaria si se interiorizan las claves que figuran a continuación.

CLAVES PARA APRENDER A SER ALTRUISTA

- **Empatía:** el componente esencial de la personalidad altruista es la empatía. Ésta da origen al altruismo. Como se sabe, la empatía es la capacidad de experimentar las mismas (o parecidas) sensaciones y emociones que sienten los demás. Si, por ejemplo, tú observas a alguien con dolor y acabas sufriendo por ese ser humano, estás despertando la capacidad de ser empático y, por ende, altruista. Preocúpate (u ocúpate) del malestar o las necesidades, especialmente emocionales, que sienten quienes te rodean. En mi libro anterior* dedico un capítulo a esta importante habilidad social, que consiste en sintonizar con el estado emocional del otro, ¡sin cometer la indiscreción de leer su diario íntimo!

- **Cero recompensas:** el altruismo es, por principio, un acto prosocial que beneficia a los demás y que, aparentemente, no ofrece beneficio alguno a la persona que lo lleva a cabo. Si, acaso, algún riesgo. Por lo tanto, no esperes de tu acto voluntario ninguna recompensa ni reciprocidad, salvo el sentimiento del que habla el escritor Pierre Choderlos de Laclos: «Me he quedado sorprendido del placer que supone hacer el bien, y estoy tentado de creer que las llamadas personas virtuosas no tienen tanto mérito como nos quieren hacer creer».

- **Olvida tu egocentrismo:** no estés más pendiente de ti que de la víctima de una emergencia o suceso a la que ayudas, de «quedar bien» ante los demás, de recibir apreciación y elogio por la cooperación brindada. El altruismo es una preocupación no egoísta orientada hacia el bien de los demás. Si te consideras altruista, incluso habrás pasado por alto (por lo obvio) la lectura de esta clave. De acuer-

---

* *No se lo digas a nadie... así,* Zenith (Planeta), Barcelona, 2010.

do con Confucio: «El hombre ético no se lamenta de que los demás no reconozcan sus méritos. Su única preocupación es no alcanzar a reconocer los de los demás».

- **Cree en un mundo justo:** aunque algunos indicios de la realidad te inclinen a pensar lo contrario sobre nuestra sociedad actual, mantén la creencia de que el mundo es (o puede ser) un lugar equitativo y predecible, en el que la conducta ética siempre obtiene un reconocimiento social y se penaliza la conducta incorrecta, aunque esto último no siempre suceda. Pese a todo, como sugiere John Wesley, «Haz todo el bien que puedas, por todos los medios y de todas las formas que puedas, en todos los lugares y siempre que puedas, a todas las personas que puedas y tanto como puedas».

- **No discrimines:** en una conducta prosocial lo ético es prestar ayuda a los demás ante una situación de emergencia, con independencia de su raza, edad, sexo, grupo social o de su atractivo físico. Para considerarte realmente altruista sólo ha de preocuparte que la víctima de la situación crítica recupere su bienestar y evitar que se vulneren sus derechos humanos. Lamentablemente, el mundo es, muchas veces, un parque de animales donde se olvidaron separar los lobos de los corderos.

- **Asume la responsabilidad social de actuar:** considera que si eres observador de una situación de emergencia, en la que la víctima necesita urgente ayuda, debes tomar la decisión de actuar en la medida de tus fuerzas, habilidades y conocimientos. Es cierto que, dependiendo de las características del hecho, a veces, uno no sabe qué hacer o qué no hacer. Pero siempre hay un recurso al que apelar: solicitar más ayuda a los demás. ¡Un héroe es todo aquel que hace lo que puede!

Si no sabes quién puedes ser, no sabes quién eres (Créate una personalidad genuina)

> Los seres humanos no sólo somos lo que pensamos que somos, sino también lo que no siempre somos conscientes que somos.
>
> Gilbert M. Helfter

¿Se inventó la identidad para encasillar a la gente? Si todos somos únicos, la idea de encasillar a los seres humanos en categorías ¿no parece detestable? Al escritor franco-libanés Amin Maalouf le angustia comprobar lo extendido que está el prejuicio de imponer a las personas una identidad unívoca para poder entenderlas mejor. Es cierto que casi todo el mundo se identifica con determinados grupos, así como que también cada uno trata de definir su personalidad (o se la definen), y, seguramente, esto seguirá siendo así por mucho tiempo. Aunque identidad («¿A qué grupo perteneces?») y personalidad («¿Quién soy yo?») son conceptos diferentes, a menudo resultan confusos y equívocos al entremezclarse, lo que a veces es inevitable (Mário Bettencourt, uno de los referentes del periodismo portugués, dejó dicho —según el obituario publicado en *El País*— que, cuando muriera, su féretro estuviera cubierto con tres banderas: la de las Azores (su tierra natal), la del Benfica (el club de sus amores) y la del Diário de Notícias (donde pasó toda su vida profesional).

La identidad influye en el proceso evolutivo de la personalidad, y con frecuencia de modo negativo, cuando algunos de sus signos identitarios se viven de forma exacerbada, encerrados en sí mismos, o se utilizan para defenderse a ultranza, en detrimento del desarrollo de una verdadera personalidad y no de una «personalidad de apariencias». Identidad y personalidad se resienten por igual cuando alguna de ellas cambia.

El club de los peterpanes

Cuando la religión, el partido político, la etnia, las tradiciones... son las muletas en las que una persona se apoya exclusiva, irreflexiva e incondicionalmente cuando se le plantea algún conflicto personal o social, estamos ante seres humanos a quienes difícilmente se les podría reconocer, desde el punto de vista de la psicología evolutiva, como individuos plenamente maduros o evolucionados. Sus ideas religiosas, políticas, étnicas y tradicionales son los únicos argumentos sobre los que gravita su diario vivir, sin que sea posible que otra nueva idea enriquezca su argumentario (o que la rechace, pero siempre desde la apertura). Estas personas parecen *peterpanes* que no saben lo que son: o tienen miedo a no ser nadie o, peor aún, ¡temen ser ellos mismos! La identidad colectiva se erige entonces en la solución a su problema de «falta de personalidad». El filósofo Emilio Lledó lo explica aún más claro: «Identidad es algo en lo que uno se escuda para no ser uno mismo».

Estos *peterpanes* buscan la protección y el amparo del ideario del grupo al que pertenecen (su «club») cuando se les plantean dudas o se les presentan ideas opuestas a los suyas y sobre las que no tienen respuestas ni argumentos propios con que defenderse. Se sienten así seguros porque no tienen que replantearse nada si aparecen problemas ante sus anteojeras mentales. Tampoco tienen necesidad de tomar decisiones por sí mismos, ni corren el riesgo de equivocarse en este sentido. Y es que, habiendo heredado los postulados de su religión, de su partido político, de su familia o de sus costumbres territoriales, ya saben cómo deben pensar y cómo reaccionar ante las distintas situaciones de la vida. El «club» al que pertenecen los *peterpanes* les da seguridad. Sin embargo, cabe preguntarse: si éstos siempre se guían por el criterio de los demás ¿cuándo tendrán el suyo?

Pertenecer incondicionalmente a un «club» te vuelve ciego y sordo a las palabras ajenas. Te convierte en un robot estúpido y poco inteligente. Los *peterpanes* son seres que tienen ya una «identidad asignada», lo que les convierte en algo menos que una persona completa. Se parecen más bien a un avestruz. Bien mirado, ¡la sociedad es una conspiración contra la personalidad independiente de cada uno de sus miembros!

«Identidad del yo» y personalidad

No obstante, el hecho de que la sociedad haya asignado una identidad con «código de barras» a tu personalidad no es razón ni justificación para continuar actuando conforme a esas etiquetas preestablecidas. Ni mucho menos para sentir como una obligación seguir el ideario que otras personas o instituciones te marcaron. Nada impide que tú pertenezcas a un «club» o colectivo determinado. Lo que importa es que esa pertenencia no cohíba, ni reprima o, en el peor de los casos, anule tu propio criterio cuando éste sea diferente del colectivo al que perteneces. Es preciso defender tu propio criterio frente a la sumisión. Ni que decir tiene si esa pertenencia genera conductas de alienación que puedan rozar el fanatismo. A este punto puede llegarse cuando la persona carece de «identidad del yo», esto es, una personalidad e identidad propias, individual, al margen de la colectiva. Porque si uno necesita, por encima de todas las cosas, sentirse católico, musulmán, judío, nacionalista de aquí o de allá, político de uno u otro bando, tradicionalista o de cualquier otro signo identitario antes que persona, nos hallamos ante un síntoma de débil (o, a veces, incluso patológica) personalidad que denota falta de autoconfianza y de autoestima (temor a ser rechazado, desvalorizado, humillado o dominado). ¿Qué valor tendrían las personas con «identidad asignada» si, por un inexplicable fenómeno, desapareciera su religión, su partido político, sus tradiciones, su «club» en definitiva? ¿No serían nadie?

El *peterpan* es un ciudadano carente de «identidad del yo», que no se reconoce como ser individual, único e independiente y que busca ser identificado exclusivamente por valores externos a su intrínseca personalidad. Se ampara, a menudo con vehemencia, en las ideas, la cultura, la historia, la tradición de tales valores —llámense nacionalismo, religión, partido político, idioma o club de fútbol— para defenderse de la inseguridad que le despierta la falta de «identidad del yo» o, lo que es lo mismo, la de sus propios valores como persona. Los *peterpanes* carecen de los instrumentos de valor, de fuerza y de deseo de resolver los problemas individualmente. Optan por que les dicten lo que deben pensar, hacer y opinar. Sus signos de identidad colectivos se convierten, así, en las únicas armas (a veces, simples y ridículas muletas) en las que apoyar su pobre personalidad para defenderse cada vez que alguien ajeno u opuesto a sus signos identitarios los cuestione razonablemente. ¡Estos *peterpanes* ignoran que lo que tenemos en común con los otros es que somos distintos!

Glorificación y mitificación
de los signos identitarios de «tu tierra»
Es obvio que la religión, la historia, las ideas políticas, las tradiciones y el lenguaje forman parte —como no podría ser de otra manera— de la identidad y de la personalidad de cada ser. Pero cuando estos signos identitarios se glorifican en exceso como verdades absolutas y suplen o se anteponen a la «identidad del yo», es decir, al valor de la propia persona per se, como ser pensante, acaban interfiriendo en su capacidad de discernimiento. Una persona sin «identidad del yo» no respeta las opiniones o ideas opuestas a las suyas. No relativiza las diferencias. No puede enriquecerse con

ellas. No da margen a otras valoraciones. No escucha ni empatiza, en suma, con el otro. Sólo busca perpetuarse en sus propias limitaciones. Y, lo que es más peligroso, a menudo trata no sólo de defender con unilateralidad sus creencias, sino de imponerlas a los demás con la arrogancia, la vocinglería y la violencia propias del fanático. Cae en la sinrazón del nacionalismo exacerbado, esa primitiva y aberrante teoría de que las personas nacidas en un país son mejores que las demás. Olvida que ser de un lugar o de otro no es ningún motivo de orgullo: es algo involuntario. Recuerdo haberle escuchado a mi amiga Lidia Falcón (cito de memoria): «Amo a mi país porque he nacido en él, no por ningún otro motivo». O, como decía Montesquieu: «Si yo supiese algo útil para mi patria y que fuera perjudicial para Europa, o bien que fuese útil para Europa y perjudicial para el género humano, lo consideraría como un crimen, porque soy necesariamente hombre, mientras que no soy francés más que por casualidad». «Mi país, con razón o sin ella» es la actitud del «patriota» chovinista dispuesto a combatir contra cualquier cosa que atente contra su identidad. En este sentido, resulta inconcebible para una persona ética y racional el argumento que el escritor catalán Andreu Carranza esgrimía para defender la tradición del *correbous* (maltrato de toros) de su región «las tierras del Ebro», en el diario *El País* (26-10-2010): «Si no eres de aquí no puedes entenderlo». He aquí a un experto en supremacía moral proclamando la incapacidad mental del resto de los habitantes del planeta para entender un comportamiento reprobable. «Argumentos» así se explican cuando la tradición suplanta a la razón, se instala en tu mente e impone sus propios códigos de conducta. El tradicionalista acepta esta estupidez porque le han enseñado que «esto es así, no puede ser de otra manera, y debe continuar siendo así». Se siente satisfecho de seguir la tradición porque es una de las maneras que tiene de alimentar su identidad. Una identidad monolítica y estricta atrapada en la sinrazón.

La forma tan contradictoria en la que se forjan las identidades de los pueblos y la manera tan temprana en que éstas se arraigan y ensamblan en la mentalidad de sus gentes sin haber éstas antes (o después) desarrollado su «identidad del yo» es, probablemente, una de las causas de los múltiples conflictos que surgen en las relaciones humanas. En un mundo tan ilimitado, vulnerable, cambiante, amenazado y amenazante resulta fácil caer en la tentación de refugiarse en las propias raíces del limitado entorno cultural al que uno pertenece. Pero encerrarse con tenaz obstinación y obcecación en ellas, en la identidad colectiva, es el peor de los caminos para alcanzar una personalidad equilibrada. En contraposición a esta cerrazón, el escritor español Fernando Aramburu, residente en Alemania, siempre proclama «que hay muchas naciones en el mundo, pero ninguna dentro de mí». Probablemente, la mejor manera de sobrevivir en un mundo globalizado, en el que las culturas se entremezclan de modo irremediable y la identidad colectiva se diluye, dejando de ser realidad para convertirse en mito (de hecho, el ser humano sólo se representa a sí mismo). Hallar nuestro sentido de pertenencia en un único mundo nos devuelve a la verdadera «identidad del yo», la que tan inteligentemente proclamaba El Roto en una de sus siempre celebradas viñetas: «Ni marca, ni partido, ni religión, ni bandera... En mi identidad mando yo».

Toma las riendas para crearte una personalidad genuina

Descubrir lo que tú puedes ser no es fácil, pero tampoco tan difícil como para no intentarlo. Desde la revolución psicológica que comenzó con Sigmund Freud, se sabe que muchas de nuestras motivaciones son inconscientes. Con frecuencia actuamos sin la menor conciencia de lo que nos impulsa a pensar o a comportarnos de una determinada manera. La gente dice que tal o cual persona aún no se ha encontrado a sí misma, pero la propia personalidad genuina e independiente no es algo que se encuentre: es algo que ha de crear uno mismo. Para perseguirla, permíteme unas recomendaciones a modo de conclusiones:

> No existe signo más claro de locura que el de hacer lo mismo una y otra vez y esperar resultados distintos.
>
> ALBERT EINSTEIN

- *Sé dueño de ti mismo*

El ser humano que es consciente de su potencial (también de sus limitaciones) evoluciona continuamente y cambia a lo largo de su vida. Así que ha de cambiar, si es preciso, de creencias, de convicciones, de tradiciones, etcétera. Ello debe interpretarse sólo como un signo positivo de la evolución de su personalidad. El ser humano no es inmutable como un mineral. Es versátil y poliédrico, y tiene que perseguir convertirse en lo que pueda llegar a ser. Una personalidad equilibrada es dueña de sí misma, trata de crecer y enriquecerse. Interesarse por todo lo que pueda aportarle conocimientos. No se siente superior, ni inferior. No tiene miedo al fracaso y no altera sus valores si éste sucede, sino que aprende de él. Porque el desarrollo implica no sólo alegrías, sino también fracasos. Sabe asumir frustraciones y equivocaciones, en vez de culpar a los demás de lo que es su propia responsabilidad. Sin embargo, tampoco tiene sentimientos de culpa. Ni malgasta su tiempo lamentándose de su «mala suerte» ni de que las cosas no sean tal como aquél quisiera que fueran. Es decir, goza con su vida y la experiencia de madurar.

- *Sé independiente (aplicando el método Schengen)*
Tómate la libertad de abolir tus fronteras personales heredadas o adquiridas. Cada vez que abres tu mente, amplías tu existencia. Vives expandiendo tu personalidad, no amputándola por imposiciones ajenas. Tienes que renunciar a muchas ideas impuestas que alberga tu mente para saber realmente quién eres. ¡Rechaza todo lo que te limite! Quien inventó unas reglas es porque quiere controlar tu vida y dominarte. Pero tú no tienes la responsabilidad de comportarte como los de-

más quieren. Piensa y actúa por ti mismo. La dependencia emocional asfixia y limita tus posibilidades de cambio. La independencia personal es mucho más importante que estar ligado a alguien o algo. Evita que los demás te gobiernen. Toma tus propias decisiones. La mayor fuerza para crecer y forjarse una personalidad independiente se encuentra en tu capacidad de elegir. Tú puedes ser lo que elijas ser. Ser lo que somos y convertirnos en lo que somos capaces de ser es, en este sentido, el único objetivo de la vida. (Si sigues con la tradición siempre serás el mismo; si la eliminas de tu camino, tú elegirás entonces lo que desee.)

- *Identidad («Piernas ¿para qué os quiero?»)*

No tienes por qué identificarte con la familia, con el grupo social en el que te has desarrollado, o con las ideas políticas o religiosas que heredaste. Ni siquiera tienes por qué identificarte con tu ciudad o el país en que naciste. Tú eres parte de la raza humana, de la humanidad, y eso basta. La mayoría de las personas quiere tener y sentir sus raíces, actitud lícita y muy comprensible. Es su forma de sentirse seguras. Sin embargo, casi todo lo que compone tu identidad es prestado. No es nada que hayas creado tú. La educación recibida, la cultura, la religión, el ambiente social, etcétera, han influido en el desarrollo de tu personalidad hasta crearte una identidad ficticia. Sí, eres «alguien» en la sociedad. Pero ¿eres tú o lo que los demás te han impuesto directa o sutilmente que fueses? Plantéate si no es preferible tener piernas en vez de raíces, para poder viajar a cualquier parte del mundo y conocer otras culturas y otros seres humanos con los que ampliar tu espacio mental, físico y social. (Si viajas mucho, no tendrás tiempo de ser tradicionalista ni nacionalista.) Trasciende las fronteras que te han impuesto aunque los demás te califiquen de renegado o extraterrestre. Cree en las vivencias más que en las ideas.

- *Todos somos diferentes ¿y qué?*

Acepta la idea de que no hay nada negativo en ser diferente a los demás. De hecho, todos somos diferentes. Cada uno de nosotros —escribió el filósofo Paul Weiss— «es un ser único que se enfrenta al mundo de manera única». E incluso el psicólogo Gordon W. Allport, en su afán de realzar la singularidad de cada ser humano, llega a afirmar que cada persona difiere de las demás no menos que las especies animales difieren entre sí, o lo que es igual, que cada ser humano es un ejemplar único en su especie.

Es preciso cultivar el valor de individualidad en la diferencia, como signo identitario. La identidad es un estado mental. No es preciso ubicarla en un lugar concreto del mapa ni en un entorno social específico. Ni en un perfil psicológico determinado. Tú puedes actuar con independencia del lugar en que naciste y de las ideas religiosas, políticas o culturales que recibiste. Éstas nunca son razones suficientes para seguir estando sometido a ellas. Aprende a vivir tus propias peculiaridades que se encuentran latentes en tu personalidad más profunda. Nunca es demasiado tarde para saber lo que tú puedes «haber sido». A veces, no podemos llegar a ser lo que necesitamos ser porque nos hemos limitado a ser lo que nos han dicho que somos.

- *Ámate a ti mismo (protege tu autoestima)*

Ámate a ti mismo. La persona que se respeta y se valora a sí misma, y está segura de quién es, hace, generalmente, lo mismo con los demás. Cuando no estamos seguros de quiénes somos, nos sentimos incómodos. Tratamos de descubrir lo que los demás desean que digamos o hagamos. Cuando, en cambio, tenemos una personalidad segura, nuestras relaciones no las gobiernan los demás, sino nosotros.

Acéptate a ti mismo sin lamentos, con tus virtudes y tus defectos. Tú no necesitas la aprobación de los demás para quererte. Tu autoestima ha de permanecer estable con o sin elogios. No es que vayas a rechazar éstos, pero lo que ha de prevalecer en ti es la idea de no necesitarlos. Tu personalidad y tu autoestima no pueden depender del reconocimiento de los demás para que te quieras. Tu autoconcepto se genera dentro de ti mismo y no en los mensajes que proceden fuera de ti.

- *¿Es egoísta la filosofía de «ser uno mismo»?*

Muchas personas critican hoy día la filosofía de «ser uno mismo», «independiente», «auténtico», porque la consideran una actitud egoísta. No obstante, es todo lo contrario: este tipo de personalidad procede del centro de la persona, pero no se centra en ella, sino que la hace ser más considerada con los demás. Es un ejemplo para los demás, que los impulsa a la acción. La idea de que debemos conocernos y ser nosotros mismos se remonta a la primera vez que alguien se preguntó: «¿Quién soy yo?». Sócrates nos enseñó que el conocerse uno mismo es la base de todo conocimiento posterior.

- *Críticas respaldadas por... ¡aplausos!*

Por último, prepárate para recibir algunas reprobaciones por tu personalidad independiente, por parte de tu familia, amigos o compañeros de trabajo. Si las previenes, no te afectarán. Y hasta quizá descubras que, tras esas críticas, existe una admiración oculta hacia ti por quienes no se atrevieron a ser lo que podían haber sido: una personalidad genuina detrás de la cual no existen religiones, creencias, tradiciones o nacionalismos que te impongan cómo debes pensar o actuar. ¡La mayor valentía del ser humano es ser uno mismo!

TEST
¿QUÉ SABES TÚ DE TI MISMO?

¿Consigues transmitir a los demás la imagen que deseas? ¿Sabes por qué te sonrojas en situaciones completamente inocentes? ¿Por qué, a veces, tienes mala conciencia de tu propia conducta? Lo que pensamos, sentimos o hacemos no siempre es comprensible para uno mismo. Todos tenemos creencias ocultas en nuestra mente que nos provocan problemas innecesarios. O prejuicios y miedos que nos impiden abordar cambios en nuestra vida o desarrollar nuestra verdadera personalidad. O, cuando menos, nos asaltan confusiones y dudas que muchas veces no sabemos resolver. Empieza a dilucidar estas preocupaciones respondiendo al siguiente cuestionario:

1. ¿De niño te sentabas en las últimas filas de clase para evitar que el profesor te preguntara?   SÍ   NO
2. ¿Tienes la sensación de que el éxito o la «buena suerte» siempre es para los demás y esquiva para ti?   SÍ   NO

3. ¿Te sientes culpable por leer revistas del corazón o disfrutar de programas de televisión frívolos? SÍ NO

4. ¿Cierras con pestillo la puerta del baño aunque estés solo en tu propia casa? SÍ NO

5. Cuando vas al cine ¿te sientas —si resulta posible— dejando una butaca vacía entre la tuya y la del espectador más próximo en la fila? SÍ NO

6. ¿Das vueltas al plato del que estás comiendo de manera que los alimentos queden justamente frente a tu cara? SÍ NO

7. ¿Crees a menudo que tu personalidad no te ayuda a lograr lo que esperas de la vida? SÍ NO

8. ¿Te sientes culpable si alguna vez vas al cine en un día laborable por la mañana? SÍ NO

9. ¿Intentas, por lo general, llegar a las citas antes de tiempo? SÍ NO

10. Si eres mujer, ¿te haces acompañar siempre por una amiga cuando vas al baño de un local público? SÍ NO

11. Si eres hombre, ¿te sientes incómodo o intimidado al orinar al lado de otro varón en un baño público? SÍ NO

12. Después de haber ido al lavabo, ¿te lavas las manos sólo si te sientes observado por alguien? SÍ NO

13. ¿Puedes recordar qué llevabas ayer de ropa? SÍ NO
14. Cuando usas una carterita de cerillas, ¿vas arrancando cada una de ellas por estricto orden? SÍ NO
15. ¿Calificas a los demás de raros o excéntricos simplemente porque consideras que no actúan como tú lo harías? SÍ NO
16. Cuando consideras que has cometido un error, ¿te irritas contigo mismo y te recriminas los fallos? SÍ NO
17. ¿Te sientes mal hablando por teléfono desnudo? SÍ NO
18. Cuando el cajero de tu banco ya ha contado dos veces el dinero que va a entregarte, ¿lo vuelves a contar por tercera vez en su presencia para asegurarte de que te ha dado la cantidad correcta? SÍ NO
19. ¿Te cepillas los dientes con denodada intensidad sólo cuando tienes por delante una inminente visita al dentista? SÍ NO
20. ¿Cuentas a menudo chistes en las fiestas o reuniones? SÍ NO
21. Si en una reunión se suscita un tema del que lo ignoras casi todo, ¿optas por expresar tu opinión, aun a riesgo de meter la pata porque te parece que de no hacerlo (callarte) tu imagen se vería menoscabada? SÍ NO

22. ¿Has cambiado de religión o te has vuelto ateo pese a haber sido educado en un colegio religioso?   SÍ   NO

23. ¿Te preocupas de pegar los sellos en el ángulo superior derecho del sobre?   SÍ   NO

24. ¿En tus relaciones sociales cambias con frecuencia de amigos, porque consideras sólo a los más adecuados para tus metas profesionales o sociales?   SÍ   NO

25. ¿Remites felicitaciones navideñas sólo a quienes te las han enviado primero?   SÍ   NO

26. Cuando alguien te para por la calle, ¿das un paso atrás o reacomodas tus gafas instintivamente?   SÍ   NO

27. ¿Sientes envidia de los logros profesionales o amorosos alcanzados por tus amigos o conocidos?   SÍ   NO

28. ¿Decae tu estado de ánimo cuando las cosas no van de la forma deseada por ti?   SÍ   NO

29. ¿Has cambiado alguna vez de forma significativa tu estilo de vestir simplemente por seguir la moda?   SÍ   NO

30. ¿Crees que tus rasgos de personalidad negativos superan a los positivos?   SÍ   NO

Resultados:

(No hay respuestas correctas o incorrectas.)

Responder afirmativamente entre 20 y 30 preguntas supone que la psicología puede convertirse para ti en una compañera inseparable para conocerte mejor y desarrollar más profundamente tus propias capacidades no utilizadas. A menudo pareces sentirte ansioso por tratar de evitar encontrarte con problemas, encarar tus responsabilidades, o quedar mal ante los demás, sin detenerte a examinar lo que tú has hecho o evitado hacer para sentirte así. Permite, pues, que las ideas nuevas que se te han presentado aquí transformen poco a poco tus falsas creencias y tus temores en una oportunidad que te conduzca a profundizar en el conocimiento de tu personalidad. Porque «conocerse a sí mismo» es algo más que mirarse al espejo mientras uno se peina...

Responder afirmativamente entre 10 y 19 preguntas indica que eres capaz de mostrar bastante determinación y energía en la forma con que te enfrentas a circunstancias difíciles o adversas. Sin embargo, la influencia de los demás pesa aún demasiado, para bien o para mal, en las decisiones que tomas o en las actitudes que adoptas. Es positivo escuchar a los amigos o la familia, pero, tal vez, debas ganar autoconfianza para asumir tus propias responsabilidades. Seguramente, te satisfará comprobar lo mucho que puedes todavía aprender sobre tu vida interior. ¡Porque tener vida interior no es quedarse en casa siempre viendo la televisión!

Si el número de síes en tus respuestas ha sido igual o inferior a 9, significa que eres consciente de tu desarrollo personal, que aceptas con madurez tanto tus éxitos como tus fracasos, que te gusta la independencia y que eres capaz de planificar inteligentemente tus objetivos, aunque, a veces, te surjan vacilaciones y dudas sobre la manera de perseguirlos. Pero esto es normal y sucede a la mayoría de las personas. El hecho de haber realizado este test demuestra que estás interesado aún en mejorar tus habilidades y tu personalidad, rompiendo algunas reglas si es preciso. Sin desviarse de las normas ¡sería imposible el progreso personal y el del mundo entero!

ÍNDICE

Prólogo 7

1. Introducción 11
   No hay patitos feos en el zoo humano 11
   ¿Sabes caer bien a la gente? 15

2. De la personalidad coraje 23
   ¿Controlas tu cociente de adversidad? 23
   La importancia de sentirse inferior 37
   Síndrome de la teja faltante 42
   Cómo encontrar el bote de espinacas perdido 47

3. De la personalidad cambiante 53
   ¿Te conformas con que te quepan los pies en tus zapatos? 53
   Miedo a correr riesgos y cómo exorcizarlo sin santiguarse 60
   ¿Quién serías tú si no fueras tú? 66
   Pensamientos automáticos y cómo insonorizar su tictac 77
   No sufras: ¡escríbelo! 89
   ¿Por qué somos como somos? 101

4. De la personalidad creativa 111
   La pasión por meter las narices.............. 111
   El arte de preguntar sin vergüenza 117
   ¡Libera el genio que llevas dentro! 122

5. De la personalidad mágica 131
   Los conseguidores: ¿existe la personalidad
     con buena suerte? 131
   Los carismáticos: ¿nacen o se hacen? 142
   Cómo influir en los demás sin abofetearlos .. 151
   La búsqueda del ajá 159
   ¿Puede un gato ser madre de conejos? 174

6. De la personalidad ética 183
   ¿Practicas el «juego limpio» en la vida? 183
   Ombliguismo sin petulancia............... 192
   ¿Es misteriosa y suprema «la voz de la
     conciencia»? 197
   La moda del racista sutil 205
   ¿Se puede ser ético a medias? 211
   Si no sabes quién puedes ser, no sabes quién
     eres................................... 217

Test 231

Si estás interesado en la materia, en los seminarios, o deseas hacer comentarios o sugerencias sobre el tema, dirígete, por favor a:

info@franciscogavilan.net o la web www.franciscogavilan.net